Lucy Bellamy

Einfach gestalten mit — 5 Pflanzen

EFFEKTVOLLE BEET-IDEEN
FÜR JEDEN GARTEN

Fotos: Jason Ingram
Übersetzung: Bettina Borst

KOSMOS

Lucy Bellamy

Lucy Bellamy war fünf Jahre lang Herausgeberin der Zeitschrift *Gardens Illustrated* (Gärten im Bild), also der „*Vogue*" der Gartenpresse. Ihr erstes Buch *Brilliant and Wild* (Prächtig und wild) erzählt davon, wie sie in nur einem Jahr einen Garten aus dem Boden stampfte. Es gewann 2018 bei den Auszeichnungen der Garden Media Guild in der Kategorie „Praxisbuch des Jahres". Auch in der britischen Presse, beispielsweise im *Guardian* und in der *Times*, hat sie bereits über das Gärtnern geschrieben. Sie lebt in Bristol in England und hat einen kleinen Garten in der Stadt.

Inhalt

Am häufigsten stellt man mir die Frage: „Was kann ich in meinen Garten pflanzen?" Dann folgt oft die Beschreibung eines winzigen Außenbereichs. Und weil man aus so vielen wunderbaren Pflanzen wählen kann, ist es oft schwierig, die Besten für dieses Gärtchen auszusuchen.

Bei meiner Arbeit habe ich das Glück, dass ich überall die inspirierendsten Gärten besuchen kann, um mir bei führenden Gartengestaltern, Gärtnern und Gärtnereien die Idee-Rosinen herauszupicken. Als Besitzerin eines kleinen Gartens mitten in der Stadt, in Bristol in Südwestengland, will ich einen Garten, der jeden Tag anders ist, der voller Farbe und Duft steckt und in dem es nur so brummt vor Bienen und Schmetterlingen. Einen Ort, an dem mein kleiner Hund Reg und ich am Feierabend die Seelen baumeln lassen können.

Einfach gestalten mit 5 Pflanzen beruht auf einigen wenigen Prinzipien: Wie man Pflanzen aussucht, wie man sie gut miteinander kombiniert, und warum sie gut zusammenpassen. Warum nur fünf? Weil man sich mit fünf Pflanzenarten auf ein ganz grundlegendes Gestaltungsprinzip stützen muss: Wiederholung. In der Fünfer-Kombination können die Pflanzen einem Garten seinen besonderen Reiz geben und erledigen damit den Löwenanteil der Gartengestaltungsarbeit. Die Fünf entspricht den Richtlinien der Natur, wo man selten nur eine einzige Pflanzenart wachsen sieht. Denken Sie einmal an einen Waldboden im Vorfrühling, der von einem Netz aus Scharbockskraut, Buschwindröschen, Schlüsselblumen, Duftveilchen und Gräsern überzogen ist, oder an die verschiedenen Gräser auf einer Feuchtwiese mit ihren Einsprengseln von Glockenblumen und Orchideen. Bei beiden besteht die Pflanzenpalette aus nur wenigen verschiedenen Arten.

Vom Stadtgarten, der von altehrwürdigen Hecken inspiriert ist, über eine Mikrowiese in der Stadt bis hin zur bunten Palette eines englischen Blumengartens enthält dieses Buch 52 Ideen, die mit jeweils fünf Pflanzenarten auskommen und sich für alle Typen von kleinen Außenflächen eignen.

„In der Fünfer-Kombination können die Pflanzen einem Garten seinen besonderen Reiz geben und erledigen damit den Löwenanteil der Gartengestaltungsarbeit."

Klein und schön

Abgerundete Form, stabiler Rand und rostige Patina: Der gusseiserne Topf mit funktioneller Aura erzeugt mit den hübschen kleinen Pflanzen einen Spannungsbogen. Die Kombination erinnert an Waldboden im Frühjahr. Die bekannte Gartengestalterin Vita Sackville-West vergleicht das Pflanzen in Töpfen mit der Arbeit eines Juweliers mit Edelsteinen – eine gepflegte Ansammlung von Miniaturgegenständen.

Die Hauptpflanze hier, die Lungenkrautsorte *Pulmonaria* Opal ('Ocupol'), blüht ausdauernd und ist eine gute Wahl für schattigere Standorte, aus denen sie, ebenso wie das Balkan-Windröschen *(Anemone blanda)*, selbst an trüben Tagen herausleuchtet. Schneeglöckchen *(Galanthus nivalis)*, Blaustern *(Scilla siberica)* und Traubenhyazinthe *(Muscari armeniacum)*, drei der frühesten Zwiebelpflanzen, schieben sich zwischen den beiden Hauptdarstellern zum Blühen nach oben.

So geht's

1 Einem geräumigen Topf Wasserabzugslöcher in den Boden bohren, falls das nötig ist. Am geplanten Standort aufstellen, denn mit Erde gefüllt, ist er schwierig zu versetzen. Zu einem Viertel mit Gartensplitt füllen, damit Wasser gut abfließen kann.

2 Pflanzen in Töpfen müssen mit dem auskommen, was man ihnen vorsetzt, also ist Erde guter Qualität wichtig. Torffreie Universalerde mit einigen Handvoll Gartensplitt ist ideal. Den Topf damit auffüllen und dabei zwischen Topfoberkante und Erde einen guten Zentimeter Abstand zum Gießen lassen.

3 Zuerst das Lungenkraut einpflanzen und damit den Grundton vorgeben. Die Pflanzen aus den Töpfen klopfen und mit den Fingerspitzen vorsichtig einige der Wurzeln befreien. Für jede Pflanze ein ebenso tiefes Loch graben wie im Topf, dann einsetzen und sanft andrücken. Mit dem Balkan-Windröschen genauso vorgehen.

4 Schneeglöckchen, Traubenhyazinthe und Blaustern dazusetzen: Sanft von der Unterseite her aus dem Topf schieben und so viel Erde wie möglich an den Wurzeln belassen. Die Lücken zwischen den Pflanzen mit Erde auffüllen, und am Schluss die Erde mit einer Lage Gartensplitt abdecken, damit die Pflanzen bei Regen nicht voll Erde gespritzt werden. Gründlich wässern.

5 Wer seine Schneeglöckchen und Traubenhyazinthen aus Zwiebeln selbst ziehen will, setzt im Herbst je drei davon in einen kleinen Topf, aus dem sie in den großen Topf umziehen, sobald sie knospen. Die Schneeglöckchen einige Wochen später einpflanzen als die Traubenhyazinthen, sonst könnten sie zu früh blühen.

Die fünf Pflanzen

1

Balkan-Windröschen
Anemone blanda

2

Schneeglöckchen
Galanthus nivalis

3

Traubenhyazinthe
Muscari armeniacum

4

Lungenkraut
Pulmonaria
Opal ('Ocupol')

5

Sibirischer Blaustern
Scilla siberica

1

Anemone blanda
Balkan-Windröschen

Leuchtend blaue Blüten mit schmalen Blütenblättern und gelber Mitte. Die Blattunterseiten sind rosa überhaucht.

Mehrjährig
Wuchshöhe 80 cm
1 pro Topf
Blüht von Spätwinter bis Mittfrühling

2

Galanthus nivalis
Schneeglöckchen

Der typische Vorfrühlings-Zwiebelblüher. Nickende, weiße Blüten mit grünen Flecken auf den inneren Blütenblättern.

Zwiebelpflanze
Wuchshöhe 15 cm
3 pro Topf
Blüht von Hochwinter bis Vorfrühling

3

Muscari armeniacum
Trauben-hyazinthe

Tintenblaue Blütenbüschel über grünen, langen, riemenförmigen Blättern.

Zwiebelpflanze
Wuchshöhe 20 cm
5 Stück pro Topf
Blüht von Spätwinter bis Vorfrühling

4

Pulmonaria Opal ('Ocupol')
Lungenkraut

Himmelblaue Blüten und gesprenkelte Blätter. Eine sehr nützliche Pflanze für dunklere Standorte.

Mehrjährig
Wuchshöhe 20 cm
3 pro Topf
Blüht von Spätwinter bis Vorfrühling

5

Scilla siberica
Sibirischer Blaustern

Kleine, sternförmige Blüten, Lapislazuli-blau mit weißen Rändern.

Zwiebelpflanze
Wuchshöhe 20 cm
5 Stück pro Topf
Blüht von Spätwinter bis Mittfrühling

Beliebt bei …

ersten Hummelköniginnen
Hummeln
Solitärbienen (einschließlich der Gemeinen Pelzbiene)
Schwebfliegen

Es macht große Freude, kleine Pflanzen in kleinen Töpfen zusammenzustellen. Diese Sammlung für den Tisch präsentiert Pflänzchen in Gefäßen – die im Beet optisch untergehen würden –, die zu ihren Farben und Wuchsformen passen. Schön an solchen Sammlungen ist auch, dass man eine vergehende Pflanze leicht durch eine andere ersetzen kann, die gerade zu blühen beginnt.

Diese Gruppe punktet mit genügsamen Pflänzchen, die in kleinen Pflanzgefäßen ausreichend Wurzelraum finden. Die drei alpinen Pflanzen würden in der Natur in Felsspalten wachsen, wo sie ziemlich plötzlich völlig austrocknen können. Deswegen sind sie eine gute Wahl für kleine Töpfe, und auch die kleinen frühen Zwiebelblüher Krokus *(Crocus)* und Schachbrettblume *(Fritillaria meleagris)* kommen mit wenig Nährstoffen und Wasser aus.

Meine verschiedenen Gefäße habe ich, bunt gemischt, ausgewählt, wann immer mein Blick auf sie fiel, und sie sollen nun die Eigenschaften der Pflanzen wiederspiegeln, die ich eingesetzt habe. Antiquitätenläden und Trödelmärkte sind gute Bezugsquellen für kleine Pflanzgefäße mit Stil, aber im Grunde ist jeder Behälter nutzbar, der unten ein Wasserabzugsloch hat oder bekommen kann. Die aufrechte, eckige Schachbrettblume macht sich gut in einer weiten niedrigen Schale, die ihre Geometrie zur Geltung bringt. Eine flache Blechform mit gewelltem Rand, die ich einmal unterwegs für ein paar Euro erstanden habe, passt gut zum runden Blattbuckel der *Viola labradorica* – ich mag auch, dass das Veilchen das Gefäß nicht ganz ausfüllt. Und die simple Rundung eines Tontopfes betont den moosigen Hügel eines Moos-Steinbrech *(Saxifraga × arendsii)*.

So geht's

1 Alle Pflanzen bereitstellen und aus der Sammlung im Gartenschuppen die passenden Gefäße aussuchen. Dazu den Charakter, die Farbe und den Habitus der jeweiligen Pflanze berücksichtigen. Wie wirken die Töpfe in der Gruppe, und sollen sie zusammenpassen oder eben nicht? Wo noch keine Wasserabzugslöcher im Topfboden sind, werden welche gebohrt.

2 Bei jedem Gefäß das Loch mit einem Steinchen abdecken, damit die Erde drinbleibt, und eine großzügige Lage Gartensplitt einfüllen, damit Wasser gut abfließen kann.

3 Die Gefäße halbhoch mit gleichen Anteilen an torffreier Universalerde und Splitt füllen, so dass eine schöne lockere Mischung entsteht.

4 Die Pflanzen aus den Töpfen klopfen und dabei so viel Erde wie möglich rund um die Wurzeln belassen. In das gewählte Gefäß pflanzen und mit den Fingern von den Seiten her die Erde andrücken, damit keine Lücken bleiben.

5 Am Schluss die Erde mit einer Lage Splitt abdecken, damit die Pflanzen bei Regen nicht mit Erde bespritzt werden. Behutsam gießen.

6 Die Pflanzgefäße im Freien auf einem Tisch arrangieren, idealerweise an einer Stelle, an der sie nicht zu viel kalten Regen abbekommen.

Bemerkung. Dieses Arrangement würde sich auch auf einer Türschwelle gut machen.

Die fünf Pflanzen

1

Krokus
Crocus 'Ruby Giant'

2

Schachbrettblume
Fritillaria meleagris

3

Moos-Steinbrech
Saxifraga × arendsii
'Buttercream'

4

Polster-Ehrenpreis
Veronica umbrosa
'Georgia Blue'

5

Labrador-Veilchen
Viola labradorica

1

Crocus
'Ruby Giant'
Krokus

Orangefarbene Staubbeutel und violette Blüten, wie man sie von Krokussen erwartet. Die riemenförmigen Blätter ziert ein weißer Längsstreifen in der Mitte.

Zwiebelpflanze
Wuchshöhe 10 cm
5 pro Topf
Blüht von Spätwinter bis Vorfrühling

2

Fritillaria meleagris
Schachbrettblume

Nickende Blüten, johannisbeerfarben und weiß gemustert wie ein Schachbrett. Der lateinische Name *Fritillaria* spielt mit der Bedeutung „Würfelbecher" ebenfalls auf das Muster an.

Zwiebelpflanze
Wuchshöhe 30 cm
6 pro Topf
Blüht von Mittfrühling bis Spätfrühling

3

Saxifraga × arendsii
'Buttercream'
Moos-Steinbrech

Die dunkelgrünen Blätter bilden eine Art Moosbüschel, die Blüten erinnern an kleine milchweiße Sterne.

Mehrjährig
Wuchshöhe 15 cm
1 pro Topf
Blüht von Vorfrühling bis Spätfrühling

4

Veronica umbrosa 'Georgia Blue'
Polster-Ehrenpreis

Stahlblaue Blüten an den Spitzen aufstrebender Stängel erfreuen das Auge.

Mehrjährig
Wuchshöhe 20 cm
1 pro Topf
Blüht von Vorfrühling bis Frühsommer

5

Viola labradorica
Labrador-Veilchen

Dunkle Blätter mit gewelltem Rand und kleinen Blüten in Violett.

Mehrjährig
Wuchshöhe 20 cm
1 pro Topf
Blüht von Vorfrühling bis Vollherbst

Beliebt bei …

ersten Hummelköniginnen
Honigbienen
Solitärbienen
Schwebfliegen

Im Frühling bepflanze ich gerne eine Schale mit „Frühaufstehern“. Diese zarten und gleichzeitig so robusten kleinen Pflanzen sollte man aus der Nähe genießen, weil man so am besten sehen kann, wie schön sie sind. In dieser Tonschale sind dazu zwei Immergrüne – ein Farn und eine Elfenblume – mit drei verschiedenen Zwiebelpflanzen zu einer Farbpalette von Pflaume, Grün und Weiß vereint.

Normalerweise setze ich die Blumenzwiebeln bereits im Herbst davor in kleine Einzeltöpfe, immer drei von jeder Sorte in einen Topf. So sind sie im Spätwinter bereit zum Verpflanzen in das eigentliche Gefäß, zusammen mit den Immergrünen. Man kann aber auch im Vorfrühling Töpfe mit den austreibenden Zwiebelblühern kaufen. Ein Tontopf hat Stil und ist auch aus praktischen Gründen eine gute Wahl für Zwiebelpflanzen, weil sein offenporiges Material dafür sorgt, dass sie nie in übermäßig feuchter Erde leben müssen.

So geht's

1 Alle Pflanzen bereitstellen. Einen breiten, eher flachen Tontopf suchen. Das Loch im Boden mit einem Steinchen abdecken, damit die Erde drin bleibt, und eine großzügige Lage Gartensplitt einfüllen, damit Wasser rasch abfließen kann.

2 Erde von guter Qualität ist wichtig, denn Pflanzen in Töpfen müssen mit dem auskommen, was man ihnen gibt. Den Topf also mit einer torffreien Universalerde füllen, die mit einigen Handvoll Gartensplitt versetzt ist. Dabei zwischen Topfoberkante und Erde einen guten Zentimeter Abstand zum Gießen lassen.

3 Zuerst wird, als Grundnote, der Japanische Schildfarn gepflanzt und dazu am Topfrand ein Pflanzloch ausgehoben. Den Farn aus dem Topf klopfen und dabei so viel Erde wie möglich rund um die Wurzeln belassen. Die Pflanze genauso tief einsetzen, wie sie im Topf stand, und die Erde sorgfältig andrücken. Die Elfenblumen ebenso einpflanzen.

4 Die Zwiebelpflanzen – *Fritillaria melagris, F. michailovskyi* und *Narcissus* 'Tresamble' – kann man von unten her aus den Töpfen drücken, falls sie schwer zu befreien sind. So viel Erde wie möglich rund um die Zwiebeln belassen und darauf achten, die Blütenstängel nicht zu beschädigen, weil sie ziemlich leicht abbrechen. Für jede Zwiebel ein Pflanzloch ausheben, einsetzen und die Erde andrücken.

5 In eventuelle Löcher rund um die Pflanzen zusätzlich Erde einfüllen und mit den Fingern andrücken, damit keine Lücken bleiben.

6 Am Schluss die Erde mit einer Handvoll Splitt abdecken, weil das eine optische Verbindung zwischen den Pflanzen schafft und verhindert, dass die kleineren Blüten bei Regen mit Erde vollgespritzt werden. Gründlich wässern.

Die fünf Pflanzen

1

Schwarzmeer-Elfenblume
Epimedium pinnatum subsp. *colchicum*

2

Schachbrettblume
Fritillaria meleagris

3

Türkische Schachbrettblume
Fritillaria michailovskyi

4

Narzisse
Narcissus 'Tresamble'

5

Japanischer Schildfarn
Polystichum polyblepharum

1

Epimedium pinnatum
subsp. *colchicum*
Schwarzmeer-Elfenblume

Rispen mit zitronengelben Blüten, dazu pflaumenfarbiges Blattwerk. Immergrün.

Mehrjährig
Wuchshöhe 30 cm
1 pro Topf
Blüht von Vorfrühling bis Mittfrühling

2

Fritillaria meleagris
Schachbrettblume

Ein kleiner Zwiebelblüher mit nickenden, pflaumenfarbig und weiß gemusterten Blüten. Das Muster erinnert an ein Schachbrett, daher der Name der Pflanze.

Zwiebelpflanze
Wuchshöhe 30 cm
6 pro Topf
Blüht von Mittfrühling bis Spätfrühling

3

Fritillaria michailovskyi
Türkische Schachbrettblume

Graugrüne Blätter und pflaumenblaue Blüten mit gelben Spitzen. Honigduft.

Zwiebelpflanze
Wuchshöhe 15 cm
6 pro Topf
Blüht von Mittfrühling bis Spätfrühling

4

Narcissus 'Tresamble'
Narzisse

Die milchig weißen Blütenblätter stehen nach hinten ab. Die Knospen kurz vor dem Aufblühen nicken hübsch. Eine alte Sorte aus den Dreißigerjahren mit Honigduft.

Zwiebelpflanze
Wuchshöhe 30 cm
6 pro Topf
Blüht von Vorfrühling bis Mittfrühling

5

Polystichum polyblepharum
Japanischer Schildfarn

Immergrüner Farn, bei dem sich jedes Frühjahr junge Triebe entfalten, die wie ein Federball aussehen.

Mehrjährig
Wuchshöhe 80 cm
1 pro Topf
Immergrün

Beliebt bei ...

ersten Hummelköniginnen
Honigbienen
Solitärbienen
Schwebfliegen
Wollschwebern

Farne machen Muster

Blassblau kommt im Schatten am besten zur Geltung, wo es herausleuchtet und zu schweben scheint. In diesem Topf wird daher ein schön geschwungenes Salomonssiegel (*Polygonatum × hybridum*) mit niedrigen grünen Füllpflanzen kombiniert, zu denen auch das Lungenkraut *(Pulmonaria)* mit seinen blassblauen Blüten gehört, und alle mögen es schattig. Das Salomonssiegel versetzt uns an einen Waldrand, wo es sich im leichten Wind sanft wiegt und mit seinen kleinen, herabhängenden Blüten Höhe schafft. Ich habe drei verschiedene Farne verwendet, aber es können auch mehr oder weniger sein, je nach Topfgröße. Die silbrigen Blätter des Brokatfarns (*Athyrium niponicum* var. *pictum*) reflektieren das Licht und eignen sich damit ideal für den Halbschatten, und mir gefallen besonders die breitgefiederten Wedel vom Stechpalmenfarn 'Variegata' *(Arachnoides aristata)*. Der gusseiserne Topf suggeriert mit seiner Farbe und Patina eine Tiefe aus dunkler, feuchter und humusreicher Erde, wie all die verwendeten Pflanzen sie bevorzugen.

So geht's

1 Einen großen Blumentopf aussuchen und unten einige Löcher für den Wasserabzug bohren, falls er keine hat. Die Löcher im Topfboden mit Steinchen abdecken, damit die Erde nicht herausrieselt.

2 Alle Pflanzen hier mögen es kühl, mit wasserhaltender, aber gut drainierter Erde. Den Topf mit torffreier Universalerde auffüllen und zwischen der Erdoberfläche und dem Topfrand einen guten Zentimeter Platz zum Gießen lassen.

3 Die Pflanzen, zunächst noch in ihren kleinen Töpfen, in dem großen Topf anordnen. Das ganze Arrangement lebt später von Wuchsformen und Texturen, also Zeit nehmen für die Platzierung. Am besten mit den drei Lungenkräutern anfangen, die gleichmäßig verteilt stehen sollten.

4 Nun Brokatfarn und Stechpalmenfarn so zwischen die Lungenkräuter stellen, dass sie sich beim Wachsen miteinander verhaken können.

5 Mit den zwei Schildfarnen die Lücken füllen. Diese Farnart wächst realtiv langsam, kann also ziemlich dicht an dicht mit den anderen stehen.

6 Als Letztes werden die Salomonssiegel an den Rändern des Topfes so dazugestellt, dass ihre Blütenstängel nach innen überhängen werden.

7 Zufrieden mit allem? Dann die Farne, die meist recht fest verwurzelt sind, von unten aus ihren Töpfen herausdrücken. Die Lungenkräuter und Salomonssiegel mit den Töpfen auf eine harte Oberfläche klopfen, um ihre Wurzeln von den Gefäßen zu lösen. Bei jeder Pflanze nun einige Wurzeln lockern, damit sie besser in der Erde einwachsen. Dann Löcher ausheben und jede Pflanze so tief einsetzen, wie sie vorher im Topf stand.

8 Die Pflanzen mit den Händen sanft in die Erde drücken. Falls nötig, zwischen ihnen etwas Erde einarbeiten, damit keine Löcher bleiben. Gründlich wässern.

Bemerkung: Diese Kombination aus Farnen und Mehrjährigen wirkt jedes Frühjahr aufs Neue.

Die fünf Pflanzen

1

Ostindischer Stechpalmenfarn
Arachnoides aristata 'Variegata'

2

Brokatfarn
Athyrium niponicum var. *pictum*

3

Salomonssiegel
Polygonatum × hybridum

4

Schmaler Schildfarn
Polystichum tsus-simense

5

Lungenkraut
Pulmonaria
Opal ('Ocupol')

1

Arachnoides aristata 'Variegata'
Ostindischer Stechpalmenfarn

Ein wintergrüner Farn mit frischgrünen Wedeln mit zitronengelbem Mittelstreifen.

Mehrjährig
Wuchshöhe 30 cm
1 pro Topf
Jedes Frühjahr entrollen sich neue Wedel.

2

Athyrium niponicum var. *pictum*
Brokatfarn

Wintergrüner Farn mit pflaumenfarbiger Mittelrippe und weichem, silbrig glänzendem Blattwerk.

Mehrjährig
Wuchshöhe 30 cm
1 pro Topf
Jedes Frühjahr entrollen sich neue Wedel.

3

Polygonatum × hybridum
Salomonssiegel

Hängende weiße Blütenglocken mit grünen Spitzen, an elegant bogigen Trieben. Unentbehrlich im Schattengarten.

Mehrjährig
Wuchshöhe 80 cm
2 pro Topf
Blüht von Mittfrühling bis Frühsommer

4

Polystichum tsus-simense

Schmaler Schildfarn

Ein kleiner immergrüner Farn, büschelig wachsend mit frisch hellgrünen Wedeln.

Mehrjährig
Wuchshöhe 45 cm
2 pro Topf
Immergrünes Blattwerk

5

Pulmonaria Opal *('Ocupol')*

Lungenkraut

Gesprenkelte Blätter. Himmelblaue Blüten leuchten aus schattigeren Bereichen heraus.

Mehrjährig
Wuchshöhe 20 cm
3 pro Topf
Blüht von Spätwinter bis Vorfrühling

Beliebt bei …

ersten Hummelköniginnen
Hummeln
Solitärbienen
Schwebfliegen

Die kühle grüne Farbpalette in diesem Innenhof lässt an einen Waldrand denken, an dem Frühblüher rasch noch das Licht nutzen, bevor das Walddach über ihnen seine Blätter bekommt. Diese Kombination ist eine gute Wahl für einen Garten, der zeitweise von überhängenden Bäumen beschattet wird, egal ob sie innerhalb des Gartens stehen oder auf der anderen Seite des Zauns. Die Himalaya-Wolfsmilch (*Euphorbia griffithii* 'Dixter') und Hohe Götterblume *(Dodecatheon jeffreyi)* sorgen für Farboasen zwischen den strukturierten Grüntönen des Herbst-Kopfgrases *(Sesleria autumnalis)* – und die Wolfsmilch ist mit ihrer Widerstandskraft und der Orangenschalen-Farbe ihrer Blüten an schwierigeren Standorten unentbehrlich. Der Kleine Honiglauch *(Allium tripedale)* sorgt hier für die runden Farbtupfer. Er setzt weit mehr leuchtend rosa und weiß gefärbte Blüten an als seine häufig gepflanzte Verwandtschaft, der Sizilianische Honiglauch *(Allium siculum)*. Die Türkenbundlilie *(Lilium martagon)* punktet als schöne und emsige Lilie in beengten Verhältnissen und bietet außerdem im Frühjahr, vor ihrer Blüte im Spätsommer, schönes Blattwerk.

Die fünf Pflanzen

1

Kleiner Honiglauch
Allium tripedale

2

Hohe Götterblume
Dodecatheon jeffreyi

3

Himalaya-Wolfsmilch
Euphorbia griffithii
'Dixter'

4

Türkenbundlilie
Lilium martagon

5

Herbst-Kopfgras
Sesleria autumnalis

So geht's

1 Mit einem Spaten den Boden umgraben und dabei die Erdklumpen aufbrechen, bis die Erde schön krümelig ist.

2 Alle Pflanzen an einem Ort bereitstellen.

3 Beginnend mit dem Herbst-Kopfgras, alle Pflanzen in ihren Töpfen in passenden Abständen auf dem Boden verteilen. Dieses horstbildende Gras bleibt niedrig, also können die Pflanzen ziemlich eng beieinanderstehen, am besten zu zweit oder zu dritt. Dann eine Lücke lassen und das Ganze wiederholen.

4 Hohe Götterblume in ein oder zwei größeren Gruppen dazustellen und auch einmal eine Pflanze einzeln präsentieren.

5 Die Himalaya-Wolfsmilch 'Dixter' so zwischen das Herbst-Kopfgras einstreuen, dass ihre lebhaft gefärbten Triebe und Blüten vor dem grünen Hintergrund zur Geltung kommen. Mit der Türkenbundlilie und dem Kleinen Honiglauch genauso vorgehen.

6 Die ganze Zusammenstellung begutachten. Das Ziel ist, dass höhere Pflanzen zwischen den ruhigeren, niedrigeren optisch hervorstechen.

7 Eine Pflanze nach der anderen aus dem Topf klopfen und mit den Fingerspitzen einige der Wurzeln befreien. Für jede Pflanze ein Loch in der selben Tiefe graben wie im Topf, dann die Pflanze einsetzen und die Erde mit den Händen sanft andrücken. Alle Pflanzen gründlich angießen.

8 Wer Zwiebelpflanzen gerne selbst zieht, kann den Honiglauch im Herbst und die Türkenbundlilie im Spätwinter stecken, damit sie im nächsten Jahr blühen. Dazu die Zwiebeln mit der Spitze nach oben in 10–15 cm tiefe Löcher eingraben.

1

Allium tripedale
Kleiner Honiglauch

Blüten in Blassrosa und Weiß, die so groß sind, dass eine Hummel hineinkriechen kann. Nach der Bestäubung stellen die Blüten sich auf und bilden sternförmig-kugelige Samenstände. Verlässlich mehrjährig.

Zwiebelpflanze
Wuchshöhe 90 cm
2 pro m^2
Blüht von Mittfrühling bis Spätsommer

2

Dodecatheon jeffreyi
Hohe Götterblume

Blassrosa Blüten, die Kronblätter sind weit umgeschlagen und laufen spitz zu.

Mehrjährig
Wuchshöhe 30 cm
3 pro m^2
Blüht von Vorfrühling bis Spätfrühling

3

Euphorbia griffithii 'Dixter'
Himalaya-Wolfsmilch

Blutrote Triebe, bronzefarben überlaufenes Blattwerk und orangefarbene Blüten.

Mehrjährig
Wuchshöhe 80 cm
1 pro m^2
Blüht von Frühsommer bis Frühherbst

4

Lilium martagon
Türkenbundlilie

Dunkelgrüne Blattquirle im Frühjahr und blutrot gesprenkelte, rosa Blüten im Sommer.

Zwiebelpflanze
Wuchshöhe 75 cm
1 pro m²
Blüht von Frühsommer bis Hochsommer

5

Sesleria autumnalis
Herbst-Kopfgras

Leuchtend grünes Gras, immergrün, in drahtigen Horsten mit kurzlebigen silbrigen Blüten.

Gras
Wuchshöhe 1,20 m
5 pro m²
Blüht von Frühsommer bis Vollherbst

Beliebt bei …

Hummeln
Solitärbienen
Schwebfliegen
Marienkäfern

An Blumenzwiebeln mag ich die Einfachheit: In papierigen Päckchen steckt alles, was sie brauchen, um fertige Blühpflanzen zu werden. Tulpen sind für das Frühjahr ganz augenfällig die Pflanzen der Wahl und werden in diesem Pflanzschema des Gartengestalters Tom Stuart-Smith in großer Zahl eingesetzt. Zwiebelblüher für den Frühling erfordern etwas Vorausdenken, weil die Zwiebeln schon im Herbst davor gesteckt werden und den Winter unter der Erdoberfläche verbringen müssen, also kalt und dunkel. Der Temperatursturz regt die Knospe innerhalb der Blumenzwiebel an, sich zu entwickeln, und führt zur Bildung des Pflanzenhormons Gibberellin, das zur richtigen Zeit Triebe und Blätter in Richtung Licht zieht.

In diesem Arrangement werden Tulpen in den Farben Pflaume, Orange und Johannisbeere in Lagen angeordnet wie ein Schichtdessert, wobei die Narzissen 'Thalia' und 'Toto' mit ihren gedeckten Farben den Hintergrundton liefern.

So geht's

1. **Im Herbst:** Mit einem Spaten den Boden umgraben und dabei alle größeren Erdbrocken zerkleinern, bis die Erde einladend krümelig ist.
2. Für jede einzelne Blumenzwiebel ein Loch von 15 cm Tiefe ausheben und die Zwiebeln dort mit dem spitzen Ende nach oben einsetzen.
3. Die Tulpenzwiebeln mit Erde bedecken und die Erde mit den Händen andrücken.

Die fünf Pflanzen

1

Narzisse
Narcissus 'Thalia'

2

Narzisse
Narcissus 'Toto'

3

Tulpe
Tulipa 'Ballerina'

4

Tulpe
Tulipa 'Merlot'

5

Tulpe
Tulipa
'Rems Favourite'

1

Narcissus 'Thalia'
Narzisse

Eine sehr früh blühende Narzisse. Elfenbeinfarbene Blüten mit leichtem Vanilleduft.

Zwiebelpflanze
Wuchshöhe 45 cm
20 Stück pro m²
Blüht von Vorfrühling bis Mittfrühling

2

Narcissus 'Toto'
Narzisse

Eine Miniatur-Narzisse mit drei blassweißen, sternförmigen Blüten pro Trieb und Vanilleduft.

Zwiebelpflanze
Wuchshöhe 20 cm
20 Stück pro m²
Blüht von Vorfrühling bis Mittfrühling

3

Tulipa 'Ballerina'
Tulpe

Eine lilienblütige Tulpe mit spitz zulaufenden Blütenblättern. Ihre auffallende Orangefärbung intensiviert sich mit dem Alter der Blüte.

Zwiebelpflanze
Wuchshöhe 40 cm
15 Stück pro m²
Blüht von Mittfrühling bis Spätfrühling

4

Tulipa 'Merlot'
Tulpe

Eine purpurfarbene, lilienblütige Tulpe mit spitz zulaufenden Blütenblättern.

Zwiebelpflanze
Wuchshöhe 50 cm
15 Stück pro m²
Blüht von Mittfrühling bis Spätfrühling

5

Tulipa 'Rems Favourite'
Tulpe

Eiförmige Blüten, johannisbeerfarben mit Weiß verstrudelt wie bei einer Eiscreme.

Zwiebelpflanze
Wuchshöhe 40 cm
15 Stück pro m²
Blüht von Mittfrühling bis Spätfrühling

Beliebt bei ...

ersten Hummelköniginnen
Hummeln
Solitärbienen

„Hillside“

ab April | Mittfrühling

Als ich zum ersten Mal *Hillside* besuchte, den Privatgarten des Gartengestalters Dan Pearson, lebte ich in einer Mietwohnung in Bristol. Pearsons Arbeiten sind ebenso spannend wie unterschiedlich – vom schmerzhaft kühlen Londoner Innenhofgarten, den er für den *Vogue*-Modefotografen Juergen Teller gestaltete, bis hin zu einem Waldgarten auf der japanischen Insel Hokkaido, der für 1000 Jahre Nachhaltigkeit ausgelegt sein soll. Pearson teilt seine Hillside-Pflanzexperimente, darunter auch jedes Jahr die Einzelheiten seiner Tulpen-Versuche, auf dem online-Magazin *Dig Delve*. Dabei wählt er neue Tulpen sorgfältig nach Farben aus, würfelt sie dann aber zufällig zusammen, so dass ihre Farben und Formen nebeneinanderstehen und aufeinanderprallen.

Die meisten Tulpen blühen nur ein Mal verlässlich und sind deswegen eine gute Wahl für Mieter. Dieser Kübel nutzt eine Farbpalette von Schlehenpurpur, Scharlachrot und Kardinalrot und dazu verschiedene Blütenformen – alles inspiriert von Hillside. Tulpenzwiebeln müssen im Spätherbst gepflanzt werden, damit sie den Winter kühl und dunkel unter der Erde verbringen können. Bei den niedrigen Temperaturen entwickeln sich innerhalb der Zwiebeln die Blütenanlagen, um sich im folgenden Frühjahr in die Wärme und ins Licht zu schieben.

So geht's

1 **Im Herbst:** Dem größten Topf, der sich auftreiben lässt, einige Löcher in den Boden bohren, falls er noch keine hat. Die Löcher mit Steinchen abdecken, damit die Erde drinbleibt. Den Kübel mit torffreier Universalerde füllen und dabei zwischen Topfrand und Erde unbedingt einen guten Zentimeter Platz zum Gießen lassen.

2 Die Tulpenzwiebeln aus ihren Tüten auf einen Bogen Zeitungspapier schütten und mit den Händen gründlich durchmischen.

3 Die Zwiebeln so auf der Erdoberfläche verteilen, dass sie mindestens einen Fingerbreit Abstand voneinander haben und das spitze Ende nach oben zeigt.

4 Nun die Blumenzwiebeln 15 cm tief in die Erde eingraben. Dazu für jede ein Loch ausheben und sie hineinsetzen. Sorgfältig mit weiterer Erde umfüllen und abdecken und die Oberfläche wieder etwas flachklopfen.

5 Alles gründlich gießen, damit die Zwiebeln in ihrem Kübel einen guten Start hinlegen können.

Bemerkung: Diese Tulpen blühen von der ersten bis zur letzten Blüte gute sechs Wochen lang.

Die fünf Pflanzen

1

Tulpe
Tulipa
'Continental'

2

Tulpe
Tulipa 'Merlot'

3

Tulpe
Tulipa
'National Velvet'

4

Tulpe
Tulipa 'Palmyra'

5

Tulpe
Tulipa 'Victoria's Secret'

1

Tulipa 'Continental'
Tulpe

Eine der dunkelsten Tulpen auf dem Markt. Eiförmige Blüten in tiefdunklem Pflaumenblau.

Zwiebelpflanze
Wuchshöhe 45 cm
10 pro Pflanzgefäß
Blüht von Mittfrühling bis Spätfrühling

2

Tulipa 'Merlot'
Tulpe

Purpurfarbene, lilienblütige Tulpe mit spitzen Blütenblättern.

Zwiebelpflanze
Wuchshöhe 50 cm
10 pro Pflanzgefäß
Blüht von Mittfrühling bis Spätfrühling

3

Tulipa 'National Velvet'
Tulpe

Erdbeermarmeladenrote, leicht schimmernde eiförmige Blüten.

Zwiebelpflanze
Wuchshöhe 50 cm
10 pro Pflanzgefäß
Blüht von Mittfrühling bis Spätfrühling

4

Tulipa 'Palmyra'
Tulpe

Eine gefüllte Tulpe mit zwetschgenfarbigen Blüten. Für eine gefüllte Tulpe blüht sie recht früh.

Zwiebelpflanze
Wuchshöhe 30 cm
10 pro Pflanzgefäß
Blüht von Mittfrühling bis Spätfrühling

5

Tulipa 'Victoria's Secret'
Tulpe

Gewellte Blütenblätter in tiefem Rosa-Pink.

Zwiebelpflanze
Wuchshöhe 50 cm
10 pro Pflanzgefäß
Blüht von Mittfrühling bis Spätfrühling

Beliebt bei ...

ersten Hummelköniginnen
Hummeln
Solitärbienen

Harmonische Muster gestalten – das schafft die Natur spielend. Dieser Gartenplan für den Spätfrühling geht pointillistisch an die Sache heran: Farbpünktchen arrangieren sich in auffallenden Formen. Beim Zierlauch 'Miami', der Purpur-Kratzdistel und dem Riesen-Federgras bestehen die Blütenstände aus Unmengen winziger Blütchen. Die Fenchelblätter schaffen den Hintergrund für die Zwiebelpflanzen und die Mehrjährigen; die Bartiris 'Sable' schwingt sich im Rock&Roll durch das Ganze. Das Arrangement wirkt wie eine Wiese und damit im Stadtgarten unerwartet, was die Wirkung erhöht. Im Sommer bietet der Gewürz-Fenchel gelbe Blütenstände.

So geht's

1 Mit einem Spaten den Boden umgraben und Erdklumpen krümelig aufbrechen.

2 Alle Pflanzen an einem Ort zusammensammeln.

3 Mit dem Riesen-Federgras beginnend, alle Pflanzen in ihren Töpfen auf dem Boden anordnen. Das Gras wird hoch und luftig, also darauf achten, wie es an unterschiedlichen Stellen wirken wird, auch aus den Fenstern des Hauses betrachtet.

4 Nun die Kratzdistel 'Atropurpureum' und den Fenchel zu zweit und zu dritt so dazustellen, dass Blüten und Blattwerk sich oben miteinander mischen werden.

5 Die Bartiris wie zufällig zwischen die anderen Pflanzen platzieren. Sie darf nicht zu dicht stehen, weil die Stauden zu beachtlicher Größe heranwachsen.

6 Wenn alle Pflanzen ein Plätzchen haben, werden Löcher für Federgras, Kratzdistel, und Gewürz-Fenchel gegraben. Die Pflanzen aus den Töpfen klopfen und jeweils einige Wurzeln mit den Fingerspitzen freilegen. Jede Pflanze so tief einsetzen, wie sie vorher im Topf stand, und die Erde mit den Händen behutsam andrücken.

7 Als Nächstes die Iris pflanzen. Sie dürfen nicht zu tief gesetzt werden: Die Oberfläche des Rhizoms (der holzige Teil, der wie eine Wurzel aussieht) muss über der Erdoberfläche bleiben. Sehr gründlich angießen.

8 Der Zierlauch wird am besten bereits im vorherigen Herbst als ruhende Zwiebel gepflanzt. Dazu gräbt man die Blumenzwiebeln, eingestreut zwischen die anderen Pflanzen, 10–15 cm tief mit den Spitzen nach oben ein. Wer will, kann im Frühsommer auch die austreibenden Zwiebeln kaufen.

Bemerkung: Verwelkte Blütenblätter fallen hier diskret – nützlich auf kleinem Raum.

Die fünf Pflanzen

1

Zierlauch
Allium 'Miami'

2

Purpur-Kratzdistel
Cirsium rivulare 'Atropurpureum'

3

Gewürz-Fenchel
Foeniculum vulgare

4

Hohe Bartiris
Iris 'Sable'

5

Riesen-Federgras
Stipa gigantea

1

Allium 'Miami'
Zierlauch

Streng kugelförmige violette Blütenköpfe, gut für Bienen. Attraktive Samenstände im Winter.

Zwiebelpflanze
Wuchshöhe 80 cm
5 pro m^2
Blüht von Spätfrühling bis Frühsommer

2

Cirsium rivulare
'Atropurpureum'
Purpur-Kratzdistel

Eine farbintensive Kulturform der wilden Distel, mit gezackten dunkelgrünen Blättern und rauchig-rosa Blüten.

Mehrjährig
Wuchshöhe 1,50 m
1 pro m^2
Blüht von Frühsommer bis Frühherbst

3

Foeniculum vulgare
Gewürz-Fenchel

Fedriges hellgrünes Blattwerk und leuchtend gelbgrüne Blütendolden. Essbar sind Blätter, Blüten und Samen.

Mehrjährig
Wuchshöhe 1,80 m
2 pro m^2
Blüht von Hochsommer bis Spätsommer

4

Iris 'Sable'
Hohe Bartiris

Eine duftende Iris in kräftigem Purpur. Elegant und nicht zu wuchtig.

Mehrjährig
Wuchshöhe 90 cm
1 pro m²
Blüht von Spätfrühling bis Frühsommer

5

Stipa gigantea
Riesen-Federgras

Grasartige Blätter und pergamentige Blütenrispen an 2 m hohen Halmen. Zierliche Blütenstände im Winter. Wintergrün.

Gras
Wuchshöhe 2 m
1 pro m²
Blüht von Frühsommer bis Hochsommer

Beliebt bei ...

Hummeln
Solitärbienen
Schwebfliegen
Schmetterlingen
Sichelwanzen
Schildwanzen
Marienkäfern
überwinternden Florfliegenlarven

Böden in der Stadt sind meistens ziemlich nährstoffarm, aber viele Pflanzen gedeihen auf solchen „mageren" Böden sogar besser. Nahe an Gebäuden und Wegen kann der Untergrund auch Bauschutt enthalten. Ein Kiesgarten betont die Linien und Texturen der Pflanzen statt der Farben, und auch das Raumgefühl spielt eine Rolle. Auf Kies gepflanzt wirken Gewächse filigraner und kantiger mit schärferen Konturen, aber auch robuster; sie blühen länger und die Gießkanne hat weniger zu tun. Hier holen in der Höhe gestaffelte Pflanzen mit wiederkehrenden Formen alles aus engem Raum heraus. Der Kugellauch *(Allium atropurpureum)* betont mit seinen dichteren Blütenköpfen die leichtere und luftigere Knorpelmöhre *(Ammi majus)*. Diese Kombination aus senkrechtem Halm und runder Blüte wiederholt sich in den weichen Knospen des Silberblatt-Salbei (*Salvia argentea* 'Artemis'). Farbe gibt es nur wenig, aber mit etwas Platz fangen alle Pflanzen das Licht ein.

So geht's

1 Nach Möglichkeit regional abgebauten Kies verwenden, weil er weniger lang über die Straße transportiert werden muss, was die bessere Wahl für die Umwelt ist.

2 Zum Bepflanzen sollte die Kiesschicht 5–10 cm hoch sein. Man sollte genug Kies kaufen, um den kompletten Boden gut abdecken zu können. Dazu gehören auch Ecken, an denen der Kies anfängt und aufhört, also vielleicht an einer Wand oder als Gartenweg weitergeführt.

3 Der Kies wird direkt aus dem Sack auf den Boden geleert. Die Würmer werden einige Kiesel in den Boden ziehen, was eine gute Sache ist, weil er dadurch noch stärker drainiert.

4 Alle Pflanzen bereitstellen. In ihren Töpfen belassen und die Topferde gründlich wässern.

5 Die Pflanzen auf dem Kiesbett arrangieren und sorgfältig so platzieren, dass unterschiedlich viel Platz zwischen ihnen bleibt. Das Ziel ist ein mehrfaches Auf und Ab für den Betrachter, wobei man die Endhöhen der Pflanzen berücksichtigen muss.

6 Zum Einpflanzen jedes Gewächs so aus seinem Topf klopfen, dass etwas Erde an den Wurzeln bleibt. Mit den Händen ein Loch bis hinunter zur Erde ausheben, die Pflanze einsetzen und den Kies wieder bis zum Stängel heranschieben. Alles nochmals gründlich gießen.

Die fünf Pflanzen

1

Granat-Kugellauch
Allium atropurpureum

2

Knorpelmöhre
Ammi majus

3

Hohe Fetthenne
Sedum 'Matrona'

4

Zwerg-Kuckucks-Lichtnelke
Lychnis floscuculi 'Nana'

5

Silberblatt-Salbei
Salvia argentea 'Artemis'

1

Allium atropurpureum
Granat-Kugellauch

Ein Strahlenkranz von Blüten in tiefsten Cassisfarben, der im Winter in den Fruchtständen sein Echo findet.

Zwiebelpflanze
Wuchshöhe 75 cm
8 pro m²
Blüht von Spätfrühling bis Frühsommer

2

Ammi majus
Knorpelmöhre

Ähnelt dem Wiesenkerbel, aber luftiger mit hohen, fast blattlosen Stängeln und weißen Doldenblüten. Sehr beliebt bei Bienen.

Einjährig
Wuchshöhe 1,20 m
1 pro m²
Blüht von Frühsommer bis Frühherbst

3

Sedum 'Matrona'
Hohe Fetthenne

Blüten in einer stämmigen Doldenrispe und wie mit Wachs überzogene Blätter. Die Samenstände bleiben für den Winter als Skulpturen stehen.

Mehrjährig
Wuchshöhe 70 cm
2 pro m²
Blüht von Spätsommer bis Vollherbst

5

Salvia argentea 'Artemis'
Silberblatt-Salbei

Große filzige Blätter und Knospen, die sich im Sommer zu milchig gelben Blüten öffnen.

Mehrjährig
Wuchshöhe 90 cm
3 pro m²
Blüht von Hochsommer bis Spätsommer

4

Lychnis floscuculi 'Nana'
Zwerg-Kuckucks-Lichtnelke

Kleine fransige Blüten in leuchtendem Pink. Die Lichtnelke lässt sich auch gut aus Samen ziehen.

Mehrjährig
Wuchshöhe 15 cm
2 pro m²
Blüht von Frühling bis Frühsommer

Beliebt bei …

Hummeln
Solitärbienen
kleinen Käfern
Schwebfliegen
Schmetterlingen
Nachtfaltern
überwinternden Solitärbienen, Marienkäfern und Florfliegen und ihren Larven

Der Gartengestalter Piet Oudolf ist der Gründer des *New Perennial Movement,* eine Bewegung, die mit Pflanzen so gestaltet, dass sie in jedem Stadium ihres Lebenszyklus wertgeschätzt werden. Vergehende Blüten werden nicht zurückgeschnitten, sondern belassen, damit sie sich zu attraktiven Samenständen und Winterskulpturen entwickeln können. In dem Film *Five Seasons: The Gardens of Piet Oudolf* von Thomas Piper wird Oudolf Field beschrieben, eine Installation aus Garten und lebendiger Kunst in Sommerset in England. Oudolf unterscheidet fünf aufeinander folgende Stadien: über Knospe und Blüte zum Fruchtstand, zur Knospe und wieder zur Blüte. Ein Garten, der zu jeder Jahreszeit als Garten fungiert, ist vor allem auf kleinem Raum wichtig, wo auch in den kälteren Monaten alle Pflanzen vom Hausfenster aus im Blick bleiben. Stern-Kugellauch *(Allium christophii)*, Sizilianischer Honiglauch *(A. siculum)*, Westlicher Sonnenhut *(Rudbeckia occidentalis)* und Garten-Blüten-Salbei (*Salvia* × *sylvestris* 'Rose Queen') sind von Frühling bis Sommer von Farbe überzogen, und im Herbst und Winter greifen ihre haltbaren Samenstände die Formen der vorausgegangenen Blüten wieder auf.

So geht's

1 **Im Herbst:** Mit einem Spaten den Boden umgraben und dabei die Erdklumpen aufbrechen, bis die Erde schön krümelig ist.

2 Die Zwiebeln der beiden Zierlaucharten wahllos auf dem Boden verstreuen.

3 Für jede Zwiebel ein Loch von 15 cm Tiefe graben und die Blumenzwiebel mit dem spitzen Ende nach oben darin versenken. Die Zwiebeln mit Erde bedecken und andrücken.

4 **Im Frühjahr** Den Storchschnabel 'Orion', Sonnenhut und Blüten-Salbei 'Rose Queen' an einem Ort zusammensammeln.

5 Mit der Vorstellung, dass jede Pflanze als Gruppe wächst und nicht einzeln stehen wird, stellt man sie in ihren Töpfen in Wellenmustern auf. Dazu eine Pflanze plazzieren und dann eine weitere so danebenstellen, dass sie sich an den Spitzen berühren werden.

6 Jede Pflanze aus ihrem Topf klopfen und mit den Fingerspitzen vorsichtig einige der Wurzeln befreien. Für jede Pflanze ein Loch in der gleichen Tiefe graben wie im Topf, dann einsetzen und mit den Händen sanft andrücken. Alle Pflanzen gründlich angießen.

Bemerkung: Erst wenn sich im Frühjahr frische grüne Triebe aus der Erde schieben, werden alle Pflanzen mit der Gartenschere auf Bodenniveau zurückgeschnitten und können nun den Blühzyklus neu beginnen.

Die fünf Pflanzen

1

Stern-Kugellauch
Allium christophii

2

Sizilianischer Honiglauch
Allium siculum

3

Blauer Storchschnabel
Geranium 'Orion'

4

Westlicher Sonnenhut
Rudbeckia occidentalis

5

Garten-Blüten-Salbei
Salvia × *sylvestris* 'Rose Queen'

3

Geranium 'Orion'
Blauer Storchschnabel

Preußischblaue Blüten und jede Menge Blattwerk. Dunklere Linien innen auf den Blütenblättern zeigen Bestäubern den Weg zu Nektar und Pollen.

Mehrjährig
Wuchshöhe 40 cm
2 pro m^2
Blüht von Spätfrühling bis Frühherbst

1

Allium christophii
Stern-Kugellauch

Violette Blütchen explodieren auf geraden Halmen zu einer Kugel. Die Sternkugel bleibt im Samenstand für den Winter erhalten.

Zwiebelpflanze
Wuchshöhe 60 cm
4 pro m^2
Blüht von Spätfrühling bis Frühsommer

2

Allium siculum
Sizilianischer Honiglauch

Grünlich weiße Blüten, pflaumenfarben und rosa überlaufen. Die wachsig anmutenden Einzelblüten sind so groß, dass eine Hummel komplett hineinkrabbeln kann. Sobald die Blüten bestäubt sind, zeigen sie steil nach oben.

Zwiebelpflanze
Wuchshöhe 1,20 m
5 pro m^2
Blüht von Spätfrühling bis Frühsommer

4

Rudbeckia occidentalis
Westlicher Sonnenhut

Auffallende schwarze Pudelmützenblüten auf hohen Stängeln, auch für den Winter.

Mehrjährig
Wuchshöhe 1,50 m
2 pro m²
Blüht von Frühsommer bis Spätsommer

5

Salvia × sylvestris 'Rose Queen'
Garten-Blüten-Salbei

Senkrecht aufsteigende Blütenähren mit rosafarbenen trompetenförmigen Blütchen.

Mehrjährig
3 pro m²
Blüht von Frühsommer bis Vollherbst

Beliebt bei …

Hummeln
Solitärbienen
Schwebfliegen
Schmetterlingen
Winterunterschlupf in den hohen Stängeln für überwinternde Solitärbienen und Marienkäfer

Ein kleiner Schattengarten ruft die Stimmung einer Waldlichtung wach. Auf kleinem Raum ist die Höhe wesentlich, und so werden in diesem Minigarten Farne und das hübsche Sibirische Perlgras (*Melica altissima* 'Alba'), dass das Licht reflekiert, von den hoch aufstrebenden Trieben des Gelben Fingerhuts *(Digitalis lutea)* durchbohrt. In seiner natürlichen Umgebung ist Fingerhut eine Pionierpflanze, die kein Problem damit hat, in ihrer Winterruhe zu bleiben, solange das Waldach zu dicht ist, aber als Erste loswächst, wenn sich im Blätterdach eine Lücke und damit ein Lichtfenster auftut. Mit seinen recht kleinen, zarten Blüten ist der zuverlässig mehrjährige Gelbe Fingerhut eher unüblich unter Fingerhüten. Die Chinesische Wiesenraute (*Thalictrum delavayi* 'Album'), die im Frühsommer mit ihrem austreibenden Blattwerk punktet, präsentiert im Hochsommer, wenn der Fingerhut mit dem Blühen für dieses Jahr abgeschlossen hat, meterhohe weiße Blütenstände.

So geht's

1. Mit einem Spaten den Boden der geplanten Fläche umgraben und dabei die Erdklumpen so aufbrechen, dass die Erde schön krümelig wird. Die hier verwendeten Pflanzen sind Waldbewohner, die kühle, wasserhaltende Erde mögen und sich dankbar zeigen, wenn sie einige Schaufeln torffreier Universalerde von guter Qualität mit in ihr Pflanzloch bekommen.
2. Alle Pflanzen bereitstellen.
3. Beginnend mit Berggras, Perlgras und Wiesenraute werden die noch eingetopften Pflanzen in einem lockeren Mosaik auf dem Boden arrangiert.
4. Nun kommt der Gelbe Fingerhut dazu, etwas asymmetrisch innerhalb der Zusammenstellung, und etwas nach hinten gestellt.
5. Die Farne besetzen die Ränder, so dass ihre sich entrollenden Wedel über den Gartenweg oder ins Gartenbeet überhängen.
6. Die Pflanzen aus den Töpfen holen und einige Wurzeln vorsichtig mit den Fingerspitzen befreien. Falls die Farne sich in ihren Töpfen stark eingewurzelt haben, drückt man sie von der Unterseite her heraus. Für jede Pflanze ein Loch in der gleichen Tiefe graben wie im Topf, dann einsetzen und mit den Händen sanft andrücken. Nun alle Pflanzen gründlich wässern.

Die fünf Pflanzen

1

Gelber Fingerhut
Digitalis lutea

2

Rotschleierfarn
Dryopteris erythrosora

3

Japan-Berggras
Hakonechloa macra

4

Sibirisches Perlgras
Melica altissima 'Alba'

5

Chinesische Wiesenraute
Thalictrum delavayi 'Album'

1

Digitalis lutea
Gelber Fingerhut

Zierliche Blütenähren mit kleinen, primelgelben Blüten. Beliebt bei Bienen. Ein zuverlässig mehrjähriger Fingerhut.

Mehrjährig
Wuchshöhe 60 cm
1 pro m^2
Blüht von Spätfrühling bis Hochsommer

2

Dryopteris erythrosora
Rotschleierfarn

Fedrig hellgrüne Blattwedel mit schwarzer Mittelrippe. Die neuen Frühjahrstriebe entrollen sich mit Kupfertönung. Laub abwerfend.

Mehrjährig
Wuchshöhe 75 cm
1 pro m^2
Jedes Frühjahr entrollen sich neue Wedel.

3

Hakonechloa macra
Japan-Berggras

Ein elegantes, Laub abwerfendes Gras mit gebogenen, überlappenden Blättern. Sehr langsam wachsend.

Gras
Wuchshöhe 30 cm
3 pro m^2
Blüht von Spätsommer bis Frühherbst, wird aber normalerweise als Blattschmuck angepflanzt.

4

Melica altissima 'Alba'
Sibirisches Perlgras

Zierliches lindgrünes, sommergrünes Gras mit glänzenden reisförmigen Blüten.

Gras
Wuchshöhe 90 cm
2 pro m^2
Blüht von Spätfrühling bis Frühsommer

5

Thalictrum delavayi 'Album'
Chinesische Wiesenraute

Zierliche apfelgrüne Blätter und winzige, weiße Blüten voller Staubfäden an dünnen Stängeln.

Mehrjährig
Wuchshöhe 1,50 m
1 pro m^2
Blüht von Frühsommer bis Spätsommer

Beliebt bei ...

Hummeln
Solitärbienen
Schwebfliegen
Schmetterlingen
Nachtfaltern

In der Natur siedeln Pflanzen sich nach kleinen Veränderungen in Regenmenge und Licht, in Boden und der Topografie ihres Standortes an. Dieses Pflanzschema spiegelt genau das wieder, indem hier Große Bibernelle (*Pimpinella major* 'Rosea'), Sterndolde 'Roma' *(Astrantia)*, Weiße Spornblume (*Centranthus ruber* 'Albus') und Akelei 'Munstead White' *(Aquilegia vulgaris)* auf Tuchfühlung und wiederholt wachsen, als wenn jede sich ihre eigene ideale Stelle ausgesucht hätte. Dolden sind in der Natur die vorherrschende Form für Blütenstände, wobei hier die kreidigen Farben der Doldenblütler von Bilbernelle und Sterndolde vom lebhaften Rot des Wiesenknopfs aufgepeppt werden. An einer unerwarteten Stelle und auf kleinem Raum – diese Pflanzung befindet sich an einer Auffahrt – hat eine lockere, von der Natur inspirierte Anpflanzung sogar noch größere Wirkung. Das Ganze macht sich unter einem kleinen Baum sehr gut, wie hier einer Kupfer-Felsenbirne (*Amelanchier* × *lamarckii*).

So geht's

1 Den Boden mit einem Spaten umgraben und ebenso wie die Erdklumpen zu krümeliger Struktur aufbrechen.

2 Alle Pflanzen an einem Ort zusammenholen.

3 Den Anfang macht die Weiße Spornblume, indem die Pflanzen in ihren Töpfen in ziemlich weitem Abstand voneinander auf dem Boden aufgestellt werden.

4 Nun Sterndolde, Bibernelle und Wiesenknopf als Einzelpflanzen oder zu zweit dazugruppieren. Die verschiedenen Pflanzen sollen sich später an den Spitzen etwas berühren.

5 Schließlich werden mit der Akelei 'White Munstead' die eventuell aufgetretenen Lücken gefüllt.

6 Sobald jede Pflanze einen Platz hat, wird jede für sich aus ihrem Topf geklopft und einige der Wurzeln mit den Fingerspitzen aus dem Wurzelballen herausgelockert. Für jede Pflanze ein Loch in der gleichen Tiefe graben wie im Topf, dann einsetzen und mit den Händen sanft andrücken. Alle Pflanzen gründlich angießen.

Bemerkung: Akeleien säen sich bereitwillig aus und füllen damit im nächsten Jahr irgendwelche Lücken wie von selbst.

Die fünf Pflanzen

1

Akelei
Aquilegia vulgaris
'Munstead White'

2

Sterndolde
Astrantia 'Roma'

3

Weiße Spornblume
Centranthus ruber
'Albus'

4

Große Bibernelle
Pimpinella major
'Rosea'

5

Wiesenknopf
Sanguisorba menziesii

1

Aquilegia vulgaris 'Munstead White'
Akelei

Blasse, etwas eckige, glockige Blüten. Bei Gartengestaltern eine beliebte Pflanze. Sät sich bereitwillig selbst aus.

Mehrjährig
Wuchshöhe 60 cm
2 pro m^2
Blüht von Frühsommer bis Spätsommer

2

Astrantia 'Roma'
Sterndolde

Papierige Blüten in rauchigem Rosa mit filigranen Fruchtständen, die über Winter stehen bleiben. Das lateinische *Astra* bedeutet „Stern“ und bezieht sich auf die Form der Blüten.

Mehrjährig
Wuchshöhe 60 cm
3 pro m^2
Blüht von Spätfrühling bis Frühherbst

3

Centranthus ruber 'Albus'
Weiße Spornblume

Blasse, aber langlebige Blüten an stabilen Halmen. Süßer, dezenter Duft.

Mehrjährig
Wuchshöhe 80 cm
1 pro m^2
Blüht von Frühsommer bis Vollherbst

4

Pimpinella major 'Rosea'
Große Bibernelle

Luftige Blütendolden in Zuckerwerk-Rosa. Beliebt bei kleinen Bestäubern mit kleinen Mundwerkzeugen.

Mehrjährig
Wuchshöhe 90 cm
3 pro m^2
Blüht von Frühsommer bis Spätsommer

5

Sanguisorba menziesii
Wiesenknopf

Flaumig wirkende, leuchtend rubinrote Knubbel auf drahtigen hohen Stängeln.

Mehrjährig
Wuchshöhe 80 cm
1 pro m^2
Blüht von Frühsommer bis Frühherbst

Beliebt bei ...

Hummeln
Solitärbienen
Schwebfliegen
Käfern
Schmetterlingen
Marienkäfern
Florfliegen und ihren überwinternden Larven

Dieses Pflanzschema erinnert an lichten Wald, mit Pflanzen wie aus Phantásien. Das offene Blätterdach und der Halbschatten einer Solitärbirke lassen bei der Unterpflanzung viel mehr Auswahl zu als ein kühler dunkler Waldboden.

Die blauen Blüten der Kugeldistel, Blauraute und des Patagonischen Eisenkrauts werden oft als „bienenblau“ beschrieben, weil sie besondere Anziehungskraft auf Bienen haben, die ja ultraviolettes Licht sehen können. Bienenblaue Blüten wie diese hier tragen auf den Blütenblättern oft zusätzliche UV-Markierungen, die Bienen und anderen Bestäubern als Wegweiser zu Pollen und Nektar dienen. All diese Pflanzen werden hoch, aber nicht breit, und sind damit eine gute Wahl für kleine Gärten, denen sie Höhe bringen.

So geht's

1 Zunächst alle Pflanzen zusammensammeln. Die Himalay-Birke am besten in einer Baumschule kaufen und nicht online, damit man sie vor dem Kauf aus dem Topf nehmen und die Wurzeln inspizieren kann. Wurzeln und Erde sollten im gleichen Verhältnis sein, selbst wenn einige Wurzeln im Topf schon im Kreis wachsen.

2 Um die Erdklumpen aufzubrechen, mit dem Spaten den Gartenboden umgraben, bis alles schön krümelig ist.

3 Die Birke dort hinstellen, wo sie wachsen soll, und sie aus verschiedenen Winkeln betrachten, auch aus den Hausfenstern heraus, bis die Platzierung stimmt.

4 Ein viereckiges Loch ausheben, etwas tiefer als der Pflanztopf hoch war, und einige Schaufeln torffreie Universalerde einfüllen.

5 Die Birke vorsichtig aus dem Topf nehmen und einige der Wurzeln mit den Fingerspitzen entwirren. Den Baum genauso tief einsetzen, wie er im Topf stand, und die Erde gut antreten.

6 Die Töpfe mit den Kugeldisteln, dem Felberich und den Blaurauten um den Baum herum anordnen, aber nicht zu nahe am Stamm. Wenn man nicht gerade mitten im Hochsommer pflanzt, werden die Blumen noch nicht ihre volle Höhe erreicht haben, also muss man sich vorstellen, wie sie dann aussehen werden, und ein Gleichgewicht der Höhen und Formen anstreben. Es sollen sich immer einige Pflanzen neben niedrigen Exemplaren in die Höhe recken.

7 Als Nächstes das Patagonische Eisenkraut aufstellen. Die Pflanzen sollen sich wie ein Band durch die Anpflanzung schlängeln.

8 Die Pflanzen dann aus den Töpfen klopfen und mit den Fingerspitzen vorsichtig einige der Wurzeln aus den Ballen lösen. Für jede Pflanze ein Loch in der gleichen Tiefe graben wie im Topf, anschließend einsetzen und die Erde mit den Händen sanft andrücken.

9 Alle Pflanzen gründlich angießen. Die Wurzeln der Birke während des Anwachsens noch bis zu sechs Wochen lang regelmäßig gießen.

Bemerkung: Die Blauraute 'Blue Spire' punktet im Winter mit weißen Stängeln, die optisch die weiße Birkenrinde noch einmal aufnehmen.

Die fünf Pflanzen

1

Himalaya-Birke
Betula utilis var. *jacquemontii*

2

Kugeldistel
Echinops ritro 'Veitch's Blue'

3

Iberischer Felberich
Lysimachia ephemerum

4

Blauraute
Perovskia atriplicifolia 'Blue Spire'

5

Patagonisches Eisenkraut
Verbena bonariensis

1

Betula utilis var. *jacquemontii*
Himalaya-Birke

Ein kleiner, Laub abwerfender Baum mit weißer Rinde und luftig-offener Krone.

Baum
Wuchshöhe 10 m
Nicht mehr als eine
Nur Blattwerk

2

Echinops ritro 'Veitch's Blue'
Kugeldistel

Leuchtend blaue kugelförmige Blüten, die sich zu beeindruckenden runden Fruchtständen entwickeln. Sehr beliebt bei allen Arten von Bienen.

Mehrjährig
Wuchshöhe 1,20 m
1 pro m^2
Blüht von Hochsommer bis Spätsommer

3

Lysimachia ephemerum
Iberischer Felberich

Hohe Ähren voller kleiner weißer Blüten, die sich im Lauf der Tage von unten nach oben öffnen.

Mehrjährig
Wuchshöhe 1 m
2 pro m^2
Blüht von Frühsommer bis Frühherbst

4

Perovskia atriplicifolia
'Blue Spire'
Blauraute

Samtige blaue Knospen öffnen sich zu winzigen trompetenförmigen Blütchen an weißen Halmen. Warmer, würziger Geruch.

Mehrjährig
Wuchshöhe 1 m
1 pro m^2
Blüht von Hochsommer bis Vollherbst

5

Verbena bonariensis
Patagonisches Eisenkraut

Büschel kleiner lilablauer Blüten sitzen hoch oben an dünnen Stängeln. Nützlich, um kleinen Bereichen Höhe zu geben. Lässt sich leicht aus Samen ziehen. Verträgt Frost bis −11 °C.

Mehrjährig
Wuchshöhe 2 m
3 pro m^2
Blüht von Spätfrühling bis Frühherbst

Beliebt bei …

Hummeln
Solitärbienen
Honigbienen
Schwebfliegen
Schmetterlingen
Marienkäfern
Florfliegen und ihren überwinternden Larven

Vor Kurzem hat man herausgefunden, dass aktiv bearbeitete Blumengärten für „wilde" Gartentiere noch besser sind als sogenannte „naturnahe Gärten" mit hohem Gras, einem Teich und Wildblumen. Dieses hübsche Arrangement hier nutzt Formen und Strukturen von wild wachsenden Pflanzen und enthält Anklänge an eine alte Hecke, erzielt mit Gartensorten. Der doldenblütige Schwarze Holunder (*Sambucus nigra* 'Black Beauty') und der Kälberkropf (*Chaerophyllum hirsutum* 'Roseum') sind mehrjährig und kommen jedes Jahr wieder. Hier sind sie mit zweijährigem Fingerhut (*Digitalis purpurea* 'Sutton's Delight') und Nachtviole (*Hesperis matronalis* var. *albiflora*) durchzogen. Diese haben zwar nur einen Lebenszyklus von zwei Jahren, säen sich aber selbst aus und kommen deswegen zuverlässig wieder. Die Jakobsleiter *(Polemonium caeruleum)* ist hier die leuchtend blaue Blume.

Die fünf Pflanzen

1

Rauhaariger Kälberkropf
Chaerophyllum hirsutum 'Roseum'

2

Fingerhut
Digitalis purpurea
'Sutton's Delight'

3

Weiße Nachtviole
Hesperis matronalis
var. *albiflora*

4

Jakobsleiter
Polemonium caeruleum

5

Schwarzer Holunder
Sambucus nigra
'Black Beauty'

So geht's

1 Mit einem Spaten den Boden umgraben und Erdklumpen krümelig aufbrechen.

2 Alle Pflanzen an einem Ort zusammentragen.

3 Den Anfang machen der doldenblütige Schwarze Holunder und der Kälberkropf. Sie gehören zu den höchsten Pflanzen des Arrangements, das auf Blütenebenen in verschiedenen Höhen abzielt. Die eingetopften Pflanzen zufällig auf der Fläche platzieren. Hohe Pflanzen sind im Beethintergrund nützlich, wirken aber vorne manchmal noch besser, wo sie die anderen Pflanzen erahnen lassen.

4 Nun die Weiße Nachtviole ziemlich planlos zwischen Holunder und Kälberkropf stellen. Zwischen den Pflanzen viel Platz lassen, sie werden ihn beim Wachsen ausfüllen.

5 Den Fingerhut als Einzelpflanzen zwischen Holunder, Kälberkropf und Nachtviolen einstreuen. Immer wieder einen Schritt zurücktreten und das Gleichgewicht der Zusammenstellung begutachten. Die Flächen zwischen den Fingerhutähren sind genauso wichtig wie die eigentlichen Blütenstände. Immer wieder neu anordnen und sortieren.

6 Nun in unregelmäßigem Abstand die blaue Jakobsleiter immer zu zweit und zu dritt einstreuen, und ab und zu einen einsamen Ausreißer einbauen.

7 Die Pflanzen aus den Töpfen klopfen und einige Wurzeln vorsichtig freilegen. Für jede Pflanze ein Loch in der gleichen Tiefe graben wie im Topf, dann einsetzen und die Erde mit den Händen sanft andrücken. Alle Pflanzen sorgfältig angießen.

Bemerkung: Von der Weißen Nachtviole kann man sich problemlos für wenig Geld eine stattliche Anzahl an Pflanzen aus Samen ziehen. Für das Auspflanzen im folgenden Frühling sät man im Spätsommer in Töpfe mit Universalerde aus.

1

Chaerophyllum hirsutum
'Roseum'
Rauhaariger Kälberkropf

Helle Blüten über tief gezähnten grünen Blättern. Eine Verwandtschaft des Wiesenkerbels und genau wie er unverzichtbar für Flächen, die Wiesen ähneln sollen. Im Winter greifen die Fruchtstände die Form der Blütenstände wieder auf.

Mehrjährig
Wuchshöhe 50 cm bis 1 m
2 pro m^2
Blüht von Spätfrühling bis Frühsommer

2

Digitalis purpurea
'Sutton's Delight'
Fingerhut

Mit hoch aufragenden Ähren in gedeckten Farben nimmt Fingerhut wenig mehr Raum im Garten ein, als sein Blütenstand hoch ist. Wunderbar für Bienen und andere Bestäuber. Selbst aussamend.

Zweijährig
Wuchshöhe 1,50 m
1 pro m^2
Blüht von Frühsommer bis Hochsommer

3

Hesperis matronalis var. *albiflora*
Weiße Nachtviole

Reinweiße Blüten an einer locker-luftigen Pflanze. Nachtviolen blühen vier Monate lang durchgehend, im Schatten sogar noch länger. Leicht aus Samen zu ziehen und selbst aussamend. Süßer Duft.

Zweijährig
Wuchshöhe 90 cm
3 pro m^2
Blüht von Spätfrühling bis Frühsommer

4

Polemonium caeruleum
Jakobsleiter

Kleine Blüten in leuchtendstem Blau auf hohen Stängeln. Aus dem Schatten leuchtet dieses Blau heraus. Bei Gartengestaltern eine beliebte Pflanze.

Mehrjährig
Wuchshöhe 90 cm
3 pro m^2
Blüht von Frühsommer bis Hochsommer

5

Sambucus nigra 'Black Beauty'
Schwarzer Holunder

Schirmdolden aus winzigen weißlich-rosa Blüten auf kantigen, cassisfarbenen Trieben mit dunkel purpur gefärbten Blättern. Wirft das Laub ab.

Strauch
Wuchshöhe 2,50 m
1 pro m^2
Blüht im Frühsommer, aber normalerweise wegen des dunklen Blattwerks gepflanzt

Beliebt bei ...

Hummeln
Solitärbienen
Honigbienen
Schwebfliegen
Schmetterlingen
Nachtfaltern
kleinen Raubwespen (Blattlausfresser)
Marienkäfern
Florfliegen und ihren überwinternden Larven

Der britische Gartengestalter Andy Sturgeon ist für seine kühl-industriellen Gärten bekannt, wie zum Beispiel einen Garten, der von den Knochenplatten eines Stegosaurus inspiriert ist, und einen, dessen Leitmotiv die Speicherschuppen einer Zwiebel sind, die sich ins Leben schießt. Auch sein eigener Minigarten mitten in Brighton in England entspricht dem Klein-und-kühl-Konzept mit einem durchdachten Plan und schönen Pflanzungen. Er nutzt immer nur eine Pflanze von jeder Art, was ungewöhnlich ist. Die Bepflanzung bei diesem Beetkonzept ist um einen besinnlichen Wasserspeicher herum anlegt – das Wasser plätschert aus dem Auslass und dämpft auch die Verkehrsgeräusche. Die Grüntonmischung der Pflanzen wird wie von leuchtenden Edelsteinen durchzogen, zu denen das silbermetallicfarbene Mannstreu 'Big Blue', ein gigantischer Wilder Knoblauch sowie die rauchig-orangefarbenen Blütenähren von Sturgeons Lieblingspflanze, dem Kanarischen Zwergfingerhut, zählen. Wer möchte, kann auch verschiedene Blumenzwiebeln einstreuen, die sich im Laufe des Jahres mit dem Blühen abwechseln.

So geht's

1 Den Boden mit einem Spaten umgraben und Erdklumpen krümelig aufbrechen.

2 Alle Pflanzen bereitstellen und dann erst mit dem Pflanzen anfangen.

3 Als Erstes die noch eingetopften Salbei und Kopfgräser an ihre Plätze stellen, weil sie hier als Musterkontrast und Blattstrukturpflanzen verwendet werden.

4 In unregelmäßigen Abständen den Zwergfingerhut, das Mannstreu und den Wilden Knoblauch dazustellen. Die Abstände zwischen den Pflanzen sind genauso wichtig wie die Pflanzen selbst.

5 Die Pflanzen nacheinander aus den Töpfen klopfen und dabei vorsichtig einige Wurzeln mit den Fingerspitzen lockern. Für jede Pflanze ein Loch in der gleichen Tiefe graben wie im Topf, dann einsetzen und die Erde mit den Händen behutsam rundherum andrücken.

6 Alle Pflanzen gründlich angießen.

Die fünf Pflanzen

1

Kanarischer Zwergfingerhut
Digitalis isabelliana
Bella ('Isob007')

2

Zabels Mannstreu
Eryngium × zabelii
'Big Blue'

3

Echter Salbei
Salvia officinalis

4

Herbst-Kopfgras
Sesleria autumnalis

5

Wilder Knoblauch
Tulbaghia
'John May's Special'

1

Digitalis isabelliana Bella ('Isob007')
Kanarischer Zwergfingerhut

Hohe Blütenähren mit rauchig-orangefarbenen Blüten und schöne strukturgebende Blätter. Verträgt Frost bis –5 °C. Hinweis: Wenn die Pflanze nicht erhältlich ist, kann alternativ *Agastache aurantiace* verwendet werden.

Mehrjährig
Wuchshöhe 1,20 m
1 pro m²
Blüht von Frühsommer bis Vollherbst

2

Eryngium × zabelii 'Big Blue'
Zabels Mannstreu

Blaue Distelblüten und scharf gezähnte, geschlitzte Blätter. Dieser Mannstreu wird in der Sommerhitze immer dunkelblauer. Kunstvolle Samenstände greifen im Winter die Blütenform nochmals auf.

Mehrjährig
Wuchshöhe 70 cm
1 pro m²
Blüht von Frühsommer bis Spätsommer

3

Salvia officinalis
Echter Salbei

Graugrüne filzige Blätter. Essbar. Warmer würziger Duft.

Mehrjährig
Wuchshöhe 1 m
1 pro m²
Blüht von Spätfrühling bis Hochsommer

4

Sesleria autumnalis
Herbst-Kopfgras

Horstige Wuchsform und blassgrüne Blätter. Zarte Ähren im Sommer mit silberweißen Blüten. Immergrün.

Gras
Wuchshöhe 1,20 m
1 pro m²
Blüht von Frühsommer bis Vollherbst

5

Tulbaghia 'John May's Special'
Wilder Knoblauch

Große blassfarbige Dolden mit symmetrischen, trompetenförmigen Blüten. Blüht superlange, mehrjährig. Nicht frosthart.

Mehrjährig
Wuchshöhe 80 cm
2 pro m²
Blüht von Frühsommer bis Frühherbst

Beliebt bei …

Hummeln
Solitärbienen
Honigbienen
Schwebfliegen
Schmetterlingen
Nachtfaltern
Marienkäfern
Florfliegen und ihren überwinternden Larven

Manche Pflanzen lassen sich so leicht aus Samen ziehen, dass es jammerschade wäre, wenn man das nicht ausprobiert. Meist wird Frühjahrsaussaat empfohlen, aber aus Herbstsaat mit Verpflanzung im Frühjahr erhält man frühere Blüte und größere Pflanzen. Erfolgreich wirds, wenn die Keimlinge bekommen, was sie brauchen: Licht, Wärme und Wasser. Also die Samen von Knorpelmöhre, Fingerhut 'Pam's Choice' und Nachtviole im Herbst in Töpfe säen und frostfrei auf eine Fensterbank stellen, bis sie im Frühjahr bereit zum Auspflanzen sind. Die Ergebnisse dieser Bemühungen werden bald sichtbar, denn die Pflänzchen gedeihen gut in der Erde im Vorfrühling. Mohn – hier die Sorte 'Ladybird' – bringt Leuchtkraft und Kontur in eine Gestaltung und ist sogar noch leichter aus Samen zu ziehen: Direkt ins Beet gestreut keimt er, sobald das Wetter wärmer wird.

So geht's

1 **Im Herbst:** Samen von Knorpelmöhre, Fingerhut 'Pam's Choice' und Nachtviole zusammentragen. Kleine Töpfe mit Anzuchterde befüllen, dabei zwischen Erde und Topfoberkante einen guten Zentimeter Gießabstand lassen.

2 Jeden Topf kurz und kräftig auf dem Pflanztisch aufklopfen, damit die Erde sich setzt und die Oberfläche eben wird. 5–10 Samen pro Topf gleichmäßig verteilen, so dass später bei den Keimlingen kein Gedränge herrscht. Die Samen nicht mit Erde bedecken und sanft angießen. Die Töpfe beschriften und auf ein Fensterbrett stellen. Die Erde feucht halten – nach zwei bis drei Wochen sollten Keimspitzen erscheinen.

3 Sobald die Keimlinge ihre ersten „echten" Blätter bilden, also die pflanzencharakteristischen Blätter nach den allerersten Keimblättern, werden sie in Einzeltöpfe umgesetzt. Damit die empfindlichen Stängel keinen Schaden nehmen, hält man die Sämlinge an einem Blatt und stützt die Wurzeln. Die Einzeltöpfe warten dann auf der Fensterbank auf einen guten Pflanztermin.

4 **Draußen:** Mit einem Spaten den Boden umgraben und Erdklumpen krümelig aufbrechen. Löcher graben und die Zwiebeln des Stern-Kugellauchs 15 cm tief und mit der Spitze nach oben einsetzen. Mit Erde abdecken und sorgfältig andrücken.

5 **Im Frühjahr:** Den Anfang machen Nachtviole und Knorpelmöhre. Die Töpfe im Beet, immer zu zweit oder zu dritt pro Sorte, auf Abstand aufstellen.

6 Fingerhut 'Pam's Choice' einzeln dazu platzieren. Die Pflanzen werden hoch, und der Raum um sie herum ist genauso wichtig wie die Blüten. Das Ziel ist ein unregelmäßiger Rhythmus zwischen den rundlichen Formen der Nachtviolen und Knorpelmöhren.

7 Die Pflanzen aus den Töpfen klopfen und mit den Fingerspitzen vorsichtig einige der Wurzeln befreien. Genauso tief ins Beet setzen, wie sie in den Töpfen standen, und die Erde mit den Händen sorgfältig andrücken. Alles gründlich wässern.

8 Eine kleine Prise Samen vom Mohn 'Ladybird' zwischen den Nachtviolen, Knorpelmöhren und Fingerhüten fein verteilen. Die Samen nicht abdecken, sondern vorsichtig angießen und die Erde feucht halten. Nach zwei bis vier Wochen sollten sie keimen.

Die fünf Pflanzen

1

Stern-Kugellauch
Allium christophii

2

Knorpelmöhre
Ammi majus

3

Fingerhut
Digitalis purpurea
'Pam's Choice'

4

Nachtviole
Hesperis matronalis

5

Marienkäfermohn
Papaver commutatum
'Ladybird'

1

Allium christophii
Stern-Kugellauch

Violette Sternkugel-Blüten auf geraden Halmen. Die Fruchtstände greifen diese Form für den Winter noch einmal auf.

Zwiebelpflanze
Wuchshöhe 60 cm
3 pro m^2
Blüht von Spätfrühling bis Frühsommer

2

Ammi majus
Knorpelmöhre

Ähnelt einem rundblütigen Wiesenkerbel mit hohen, fast blattlosen Stängeln und weißen Blütendolden. Bei den Bienen sehr beliebt.

Einjährig
Wuchshöhe 1,20 m
2 pro m^2
Blüht von Frühsommer bis Frühherbst

3

Digitalis purpurea 'Pam's Choice'
Fingerhut

Spitz zulaufende Blütenähren mit johannisbeerfarbenen Sprenkeln. Fingerhüte brauchen eigentlich nur so viel Platz wie ihre Blütenähren und sorgen für Höhe. Bienen und andere fliegende Bestäuber lieben sie.

Zweijährig
Wuchshöhe 1,20 m
1 pro m^2
Blüht von Spätfrühling bis Hochsommer

4

Hesperis matronalis
Nachtviole

Süß duftende fliederfarbene Blüten an einer luftigen Pflanze. Leicht aus Samen zu ziehen, sät sich selbst aus.

Zweijährig
Wuchshöhe 90 cm
3 pro m^2
Blüht von Spätfrühling bis Frühsommer

5

Papaver commutatum 'Ladybird'
Marienkäfermohn

Leuchtend rote Blüten, ein schwarzer Fleck auf jedem Blütenblatt. Sät sich selbst aus und bietet eine Samenbank für die folgenden Jahre.

Einjährig
Wuchshöhe 45 cm
10 pro m^2
Blüht von Frühsommer bis Spätsommer

Beliebt bei …

Hummeln
Solitärbienen
Schwebfliegen
Raupen
Schmetterlingen
Nachtfaltern

Zierlauche *(Allium)* sind sehr zuverlässige Mehrjährige und ideale Kandidaten für Etagenpflanzungen, so wie hier der fast schon skurril hohe *Allium* 'Summer Drummer' als oberste Schicht über einem „Erdgeschoss“ aus Strahlen-Breitsame *(Orlaya grandiflora)* und Ausdauerndem Buchweizen *(Fagopyrum dibotrys)* sowie Klatschmohn *(Papaver rhoeas)* auf mittlerer Höhe. Mit den exzentrischen Riesenstängeln und den etwas metallischen Knospen des Zierlauchs wirkt das Ganze sehr zeitgenössisch. So schnell vergänglich die Mohnblüte ist, so begeistert sät sie sich selbst aus, um jedes Jahr wiederzukommen. Ich mag auch die Wirkung vor dem rostigen Wellblech, wobei ein dunkler Zaun ebenso gut wirken würde.

Die fünf Pflanzen

1

Zierlauch
Allium
'Summer Drummer'

2

Ausdauernder Buchweizen
Fagopyrum dibotrys

3

Bartiris
Iris 'Italic Light'

4

Strahlen-Breitsame
Orlaya grandiflora

5

Klatschmohn
Papaver rhoeas

So geht's

1 **Im Herbst:** Den Boden mit einem Spaten zu krümeliger Konsistenz ohne größere Klumpen umgraben. All diese Pflanzen bevorzugen raschen Wasserabfluss, also einige Schaufeln voll Gartensplitt mit einbringen.

2 Die Zwiebeln des Zierlauchs 'Summer Drummer' 10–15 cm tief und mit den spitzen Enden nach oben eingraben.

3 **Im Frühling:** Die Bartiris 'Italic Light' sind die stämmigsten Pflanzen der Komposition und müssen sorgfältiger platziert werden als die luftigeren Gewächse. Pflanzen in der Natur suchen sich ihren Platz nach kleinsten Veränderungen von Licht und Schatten. Also die eingetopften Bartiris unregelmäßig auf dem Beet anordnen.

4 Anschließend die Bartiris aus den Töpfen klopfen und die Wurzeln mit den Fingerspitzen etwas auflockern. Für jede Pflanze ein Loch graben, aber nicht zu tief, weil bei den Iris der obere Teil des Rhizoms (das holzige Teil, das wie eine Wurzel aussieht) nicht von Erde bedeckt sein darf. Die Pflanzen mit den Händen sanft in den Boden drücken.

5 Strahlen-Breitsame und Ausdauernden Buchweizen jeweils zu zweit und zu dritt so dazustellen, dass sie sich etwas überlappen werden. Einen Schritt zurücktreten und die Ausgewogenheit der Zusammenstellung überprüfen: Das Ziel sind Ebenen unterschiedlicher Höhe. Die Pflanzen aus den Töpfen klopfen und mit den Fingern einige Wurzeln aus den Ballen lockern. Die Pflanzlöcher so tief graben wie im Topf, einsetzen und mit den Händen sanft andrücken. Gründlich gießen.

6 Klatschmohn sät man direkt im Beet aus, weil er sich ungern verpflanzen lässt. Mit einem Stock einen Kreis auf dem Boden ziehen und an der Linie entlang je eine Prise der Samen verstreuen. So erkennt man die Sämlinge später besser.

7 Die Samen mit wenig Erde abdecken und sorgfältig gießen. Falls es nicht regnet, muss die Erde feucht gehalten werden, damit in ein bis zwei Wochen Sämlinge sprießen.

Bemerkung: Allium punkten mit winterfesten Fruchtständen, die die Form der Blütenkugeln aufgreifen.

3

Iris 'Italic Light'
Bartiris

Eine ziemlich anspruchslose Iris in hübschem Purpur.

Mehrjährig
Wuchshöhe 90 cm
2 pro m^2
Blüht von Spätfrühling bis Frühsommer

2

Fagopyrum dibotrys
Ausdauernder Buchweizen

Hohe Pflanze mit durchscheinenden Rispen weißer Blüten.

Mehrjährig
Wuchshöhe 1,50 m
2 pro m^2
Blüht von Spätsommer bis Frühherbst

1

Allium 'Summer Drummer'
Zierlauch

Ein sehr hoher Zierlauch. Aus den metallfarbenen Knospen sprießen rosa Blüten zu einer Sternkugel, die im Winter wie eine Skulptur wirkt.

Zwiebelpflanze
Wuchshöhe 2 m
5 pro m^2
Blüht von Hochsommer bis Frühherbst

4

Orlaya grandiflora
Strahlen-Breitsame

Reinweiße Blüten in luftigen Dolden auf fast blattlosen Stängeln.

Einjährig
Wuchshöhe 60 cm
3 pro m²
Blüht von Frühsommer bis Frühherbst

5

Papaver rhoeas
Klatschmohn

Reinrote Blüten mit tiefschwarzer Mitte. Leicht aus Samen zu ziehen, sät sich üppig selbst aus.

Einjährig
Wuchshöhe 75 cm
5 pro m²
Blüht von Frühsommer bis Hochsommer

Beliebt bei …

Hummeln
Solitärbienen
Schwebfliegen
Schmetterlingen

Die Beetidee basiert auf dem Konzept eines Englischen Blumengartens, aber für kleine Standorte. Sie spielt mit Mehr- und Einjährigen in verschiedenen Ebenen. Die Kratzdistel *(Cirsium heterophyllum)* und das Knollen-Brandkraut (*Phlomis tuberosa* 'Amazone') sind durchwoben mit Rotem Fingerhut, Kornrade und den anmutigen weißen Blütendolden der Strahlen-Breitsame *(Orlaya grandiflora)*. Die aufstrebenden Fingerhutblüten bieten Höhe, ohne am Boden viel Platz zu beanspruchen, während die luftige Struktur und die fast blattlosen Stängel der Strahlen-Breitsame besonders nützliche Lückenfüller zwischen anderen Pflanzen sind.

Statt nur in der Beetmitte können einige Fingerhutpflanzen auch weiter hinten und vorne stehen, und einige als völlige Ausreißer. Damit wird nachgeahmt, wie sie in der Natur am Waldrand immer dort stehen würden, wo sie gerade Licht abbekommen.

So geht's

1 Mit einem Spaten den Boden umgraben und eventuelle Erdklumpen krümelig aufbrechen.

2 Alles zusammentragen: Pflanzen von Knollen-Brandkraut 'Amazone', Kratzdistel und Roter Fingerhut sowie ein Päckchen Samen von Kornrade 'Alba'.

3 Zunächst die Brandkraut- und Kratzdistel-Töpfe mit Abstand auf dem Boden aufstellen.

4 Strahlen-Breitsame und die meisten der Fingerhüte zwischen den Brandkräutern und Kratzdisteln aufstellen. Dabei berücksichtigen, dass das recht kräftige Pflanzen werden.

5 Die restlichen Fingerhüte hier und dort als Einzelpflanzen einstreuen, auch jeweils einige ganz vorne und ganz hinten im Beet.

6 Die Pflanzen nacheinander aus ihren Töpfen klopfen und mit den Fingerspitzen einige Wurzeln lockern. Für jede Pflanze ein Loch in der gleichen Tiefe graben wie im Topf, dann einsetzen und mit den Händen sanft andrücken. Alle Pflanzen gründlich angießen.

7 Kornrade 'Alba' werden am besten direkt im Beet ausgesät, weil sie das Verpflanzen nicht mögen. Mit einem Stock einen Kreis auf dem Boden ziehen und an der Linie entlang eine Prise der Samen verstreuen. So erkennt man die Sämlinge später besser.

8 Die Kornradesamen mit wenig Erde bedecken und sanft angießen, so dass sie nicht wegschwemmen. Falls es nicht regnet, muss die Erde feucht gehalten werden, damit in ein bis zwei Wochen Sämlinge sprießen.

Die fünf Pflanzen

1

Kornrade
Agrostemma githago
'Alba'

2

Verschiedenblättrige Kratzdistel
Cirsium heterophyllum

3

Roter Fingerhut
Digitalis purpurea

4

Strahlen-Breitsame
Orlaya grandiflora

5

Knollen-Brandkraut
Phlomis tuberosa
'Amazone'

1

Agrostemma githago 'Alba'
Kornrade

Zarte runde weiße Blüten auf nahezu blattlosen Stängeln.

Einjährig
Wuchshöhe 1,20 m
1 pro m^2
Blüht von Frühsommer bis Vollherbst

2

Cirsium heterophyllum
Verschiedenblättrige Kratzdistel

Eine rosafarbene Vertreterin unter den Kratzdisteln, mit gezackten Blättern und rauchrosa Blütenblättern. Sehr beliebt bei Bienen.

Mehrjährig
Wuchshöhe 1,20 m
2 pro m^2
Blüht von Frühsommer bis Spätsommer

3

Digitalis purpurea
Roter Fingerhut

Spitz zulaufende Ähren mit sanftrosa Blüten, innen dunkler und gefleckt. Die Blütenkelche sind so breit, dass eine große Hummel hineinpasst. Sät sich selbst aus.

Kurzlebige Staude
Wuchshöhe 2 m
1 pro m^2
Blüht von Frühsommer bis Hochsommer

4

Orlaya grandiflora
Strahlen-Breitsame

Reinweiße Blüten in großen luftigen Dolden auf fast blattlosen Stängeln.

Einjährig
Wuchshöhe 60 cm
3 pro m^2
Blüht von Frühsommer bis Frühherbst

5

Phlomis tuberosa 'Amazone'
Knollen-Brandkraut

Filzige Blätter und Quirle aus rosa Blüten an aufrechten Stängeln. Im Winter greifen die Fruchtstände die Form der Blüten auf.

Mehrjährig
Wuchshöhe 1,20 m
1 pro m^2
Blüht von Hochsommer bis Spätsommer

Beliebt bei ...

Hummeln
Solitärbienen
Honigbienen
Schwebfliegen
Schmetterlingen
Marienkäfern
überwinternden Florfliegenlarven

Sukkulenten-Bowl

Sukkulenten sind das „Maggi“ der Pflanzenwelt – vielleicht, weil man so viele armselige Exemplare in Marmeladengläsern auf Cafètischchen sieht. Im Gegensatz dazu feiert diese Schale die Leuchtkraft und die Details ihrer Blüten, wobei sie etwas an die Wasserschalen mit Helleborusblüten erinnert, wie man sie in smarten Hotels sieht. Alle Sukkulenten blühen in gleißender Sonne, und das oft farbenprächtig und sehr stilisiert. Meine Lieblingssukkulente, der Mexikanische Schneeball, präsentiert langgestreckte rosa Stängel und reizende Blüten in Flamingo-Rosa. Die orangefarbenen Blüten der Aloe schweben wie exotische Vögel über reptiloiden Blättern, und die kieselsteinförmigen Blätter der Kalk-Hauswurz schmücken sich mit weißen Blüten.

So geht's

1 Alle Pflanzen zusammensammeln. Sukkulenten brauchen sehr wenig Wurzelraum, aber unbedingt zügigen Wasserabfluss. Also bei einem flachen Gefäß einige Löcher in den Boden bohren, falls noch keine da sind. Die Betonschale hier macht sich sehr schön zu den dicken Blättern der Sukkulenten. Außerdem ist sie versetzbar, so dass man sie immer an den sonnigsten Platz stellen kann. Verblüht bieten sich die Pflanzen zum Beobachten von Formen und Texturen an.

2 Zwei Handvoll Gartensplitt mit einer Handvoll torffreier Universalerde zu einem gut durchlässigen Substrat verarbeiten. Auf die Wasserabzugslöcher der Schale Steinchen legen, damit die Splitt-Erde-Mischung drinbleibt.

3 Die Erdmischung in die Schale füllen und so anhäufen, dass sie in der Mitte 2–3 cm höher ist als am Rand.

4 Die Pflanzen anordnen und dabei überlegen, wie ihre Texturen zusammenpassen oder eben auch nicht. Die Pflanzen aus den Töpfen nehmen und sanft andrücken. Ihre Wurzeln werden sich von selbst nach unten orientieren.

5 Eventuelle Lücken zwischen den Pflanzen füllt man mit kleinen Rosetten auf. Die zwickt man von den Elternpflanzen ab, indem man sie zwischen Daumen und Zeigefinger abknickt.

6 Falls irgendwo Erde herausschaut, deckt man sie mit etwas Splitt ab. Das hält außerdem die Wurzeln kühl und dunkel. Einmal sparsam angießen. Danach im Hochsommer ein- oder zweimal pro Jahr kräftig wässern.

Bemerkung: Diese Pflanzen brauchen sehr wenig Nährstoffe. Was sie brauchen, können sie aus ihren vertrocknenden unteren Blättern ziehen.

Die fünf Pflanzen

1

Bebänderte Aloe
Aloe aristata

2

Mexikanischer Schneeball
Echeveria elegans

3

Buckel-Fettblatt
Sedum 'Silver Roses'

4

Kalk-Hauswurz
Sempervivum calcareum

5

Hauswurz
Sempervivum 'Gulle Dame'

1

Aloe aristata
Bebänderte Aloe

Reptiloid wirkende Blätter mit weißen Wärzchen und leuchtende zitronengelbe Blüten. Verträgt Frost bis –5 °C.

Mehrjährig
Wuchshöhe 25 cm
1 pro Topf
Blüht von Spätsommer bis Frühherbst

2

Echeveria elegans
Mexikanischer Schneeball

Dickfleischige Blätter, die Kieseln ähneln. Leuchtend rosa Blütenstängel und Blüten. Verträgt keinen Frost.

Mehrjährig
Wuchshöhe 15 cm
1 pro Topf
Blüht von Frühsommer bis Spätsommer

3

Sedum
'Silver Roses'
Buckel-Fettblatt

Blassgrüne, kieselähnliche Blätter entfalten sich wie eine Rosenblüte. Milchweiße Blüten im Sommer.

Mehrjährig
Wuchshöhe 5 cm
1 pro Topf
Blüht von Frühsommer bis Spätsommer

4

Sempervivum calcareum
Kalk-Hauswurz

Spitz zulaufende flache Blätter mit roten Spitzen.

Mehrjährig
Wuchshöhe 15 cm
1 pro Topf
Blüht von Frühsommer bis Hochsommer

5

Sempervivum
'Gulle Dame'
Hauswurz

Lebhafte gefärbte Blattwirbel in Karminrot.

Mehrjährig
Wuchshöhe 90 cm
1 pro Topf
Blüht von Spätfrühling bis Frühsommer

Beliebt bei ...

Hummeln
Solitärbienen
Schwebfliegen
Schmetterlingen

Dieses Pflanzschema für den Schattenplatz am Fuß einer Mauer nutzt fünf Pflanzen, die botanisch Wildpflanzen sehr nahestehen. Solche Pflanzen wirken leicht und luftig, weil ihr Anteil an Stängeln und Blättern größer ist als an Blüten. Die hohen schwebenden Dolden der Baltischen Petersilie *(Cenolophium denudatum)* greifen sowohl die Blütenform der niedriger bleibenden Sterndolde (*Astrantia major* 'Large White') als auch die Höhe des Gelben Fingerhuts *(Digitalis lutea)* auf. Beim Frauenmantel *(Alchemilla mollis)*, einer niedrigen grünen Füllpflanze, findet sich nach einem Regenschauer oder Morgentau in jedem der gesägten Blätter ein einziger Wassertropfen, der das Licht reflektiert. Selbst im Schatten wirkt diese Zusammenstellung erhebend und leicht.

So geht's

1 Mit einem Spaten den Boden umgraben und die Erdklumpen schön krümelig aufbrechen. Diese Pflanzen werden es danken, wenn sie auch noch einige Schaufeln torffreier Universalerde bekommen und damit die humusreiche Erde, in der sie sich am wohlsten fühlen.

2 Alle Pflanzen zusammensammeln, bevor es losgeht.

3 Die Pflanzen arbeiten als Ganzes zusammen, und beim Einpflanzen geht es darum, sie so zusammenzustellen, als ob sie den Bereich – in diesem Falle einen Mauerfuß – ganz von selbst besiedelt hätten. Den Anfang machen die niedrig wachsenden Sterndolden und Frauenmantel, die man noch eingetopft dicht an dicht stellt, als ob sie sich ganz ohne menschliches Zutun dort angesiedelt hätten.

4 Als Nächstes kommen Baltische Petersilie und Wiesenraute 'Album' als obere Schicht an die Reihe, und schließlich Gelber Fingerhut im hinteren Bereich der Zusammenstellung.

5 Nacheinander alle Pflanzen aus den Töpfen klopfen und die Wurzeln mit den Fingerspitzen etwas aus dem Ballen herauslockern. Für jede Pflanze ein Loch in der gleichen Tiefe graben wie im Topf, dann in die Erde einsetzen und mit den Händen sanft andrücken.

6 Alle Pflanzen gründlich angießen.

Die fünf Pflanzen

1

Weicher Frauenmantel
Alchemilla mollis

2

Große Sterndolde
Astrantia major
'Large White'

3

Baltische Petersilie
Cenolophium denudatum

4

Gelber Fingerhut
Digitalis lutea

5

Chinesische Wiesenraute
Thalictrum delavayi
'Album'

1

Alchemilla mollis
Weicher Frauenmantel

Gefälteltes, eingesägtes Blattwerk und ein Schleier heller, zitronengelber Blüten.

Mehrjährig
Wuchshöhe 60 cm
1 pro m²
Blüht von Frühsommer bis Frühherbst

2

Astrantia major 'Large White'
Große Sterndolde

Weiße, pergamentartige Dolden, entwickeln sich im Winter zu Samenskulpturen. Das lateinische Wort *Astra* bedeutet „Stern" und bezieht sich auf die Form der Blüten.

Mehrjährig
Wuchshöhe 60 cm
3 pro m²
Blüht von Spätfrühling bis Frühherbst

3

Cenolophium denudatum
Baltische Petersilie

Große Dolden aus winzigen weißen Blütchen auf hohen, kantigen Stängeln.

Mehrjährig
Wuchshöhe 1 m
1 pro m²
Blüht von Hochsommer bis Vollherbst

4

Digitalis lutea
Gelber Fingerhut

Zierliche hohe Stängel mit kleinen ungestielten schlüsselblumengelben Glockenblüten. Anders als die meisten Fingerhüte, ist der gelbe verlässlich mehrjährig. Bienen lieben ihn.

Mehrjährig
Wuchshöhe 60 cm
1 pro m²
Blüht von Spätfrühling bis Hochsommer

5

Thalictrum delavayi 'Album'
Chinesische Wiesenraute

Luftiges apfelgrünes Blattwerk und kleine blasse Blüten.

Mehrjährig
Wuchshöhe 1,50 m
1 pro m²
Blüht von Frühsommer bis Spätsommer

Beliebt bei ...

Hummeln
Solitärbienen
Honigbienen
Schwebfliegen
Schmetterlingen
Sichelwanzen
Schildwanzen
Marienkäfern
überwinternden Florfliegenlarven

Eine einjährige Wiese fühlt sich vielleicht nicht gerade wie die erste Wahl für einen kleinen Garten an, aber schon ein einziger Quadratmeter reicht in einem Stadtgarten aus, um ein Gefühl von freier Natur aufkommen zu lassen. Die kontrastreiche Gegenüberstellung von städtisch und ländlich lässt sich am besten an Hand der Arbeiten von Nigel Dunnett darstellen, der als Gartengestalter farbenfrohe Wiesenpflanzungen entworfen hat, die in London an der brutalistischen Architektur der Wohn- und Kultursiedlung „Barbican Estate" und des Queen Elizabeth Olympic Parc rütteln.

Die leuchtend farbenfrohen Mohnblüten, die hier und da ins Auge springen, sind rasch vergänglich, aber sie säen sich eifrig selbst aus und kommen deshalb verlässlich immer wieder. Alle Pflanzen hier sind bei Bestäubern äußerst beliebt.

Die fünf Pflanzen

1

Knorpelmöhre
Ammi majus

2

Kornblume
Centaurea cyanus

3

Schmuckkörbchen
Cosmos bipinnatus 'Purity'

4

Natternkopf
Echium vulgare

5

Klatschmohn
Papaver rhoeas

So geht's

1. Wildblumen kann man im Frühling ansäen oder im Herbst in die noch warme Erde. Aus einer Herbstaussaat bekommt man frühere Blüten und kräftigere Pflanzen.
2. Den Boden mit einem Spaten umgraben und dabei die Erdklumpen aufbrechen, bis die Erde schön krümelig-locker ist.
3. Aus allen Samentütchen die Samen in eine Schüssel leeren und sie gut vermischen.
4. Von der Samenmischung eine knappe Prise pro Quadratmeter auf den Boden verstreuen.
5. Mit den Handflächen leicht über die Bodenoberfläche streichen, damit alle Samen guten Bodenkontakt haben.
6. Die Samen vorsichtig angießen und die Erde weiterhin feucht halten, falls es nicht regnet. Nach ein bis zwei Wochen sollten grüne Keimspitzen zu sehen sein.

Bemerkung: Alle Pflanzen hier haben den Vorteil, dass sie sich selbst aussäen und in den folgenden Jahren in unterschiedlicher Zahl wieder blühen.

1

Ammi majus
Knorpelmöhre

Ähnelt Wiesenkerbel, mit hohen, nahezu blattlosen Stängeln und weißen Blütendolden. Sehr beliebt bei Bienen und kleinen Bestäubern.

Einjährig
Wuchshöhe 1,20 m
1 Samentütchen
Blüht von Frühsommer bis Frühherbst

2

Centaurea cyanus
Kornblume

Leuchtend blaue Blüten.

Einjährig
Wuchshöhe 90 cm
1 Samentütchen
Blüht von Hochsommer bis Vollherbst

3

Cosmos bipinnatus 'Purity'
Schmuckkörbchen

Margeritenähnliche Blüten, steht wegen der zarten Blätter am besten in enger Gesellschaft. Leicht aus Samen zu ziehen.

Einjährig
Wuchshöhe 1,80 m
1 Samentütchen
Blüht von Hochsommer bis Spätsommer

4

Echium vulgare
Natternkopf

Stacheliges Grün und kleine leuchtend blaue Blüten in lockeren Ähren.

Einjährig
Wuchshöhe 80 cm
1 Samentütchen
Blüht von Frühsommer bis Vollherbst

5

Papaver rhoeas
Klatschmohn

Leuchtend rote Blüten mit schwarzer Mitte.

Einjährig
Wuchshöhe 75 cm
1 Samentütchen
Blüht von Frühsommer bis Hochsommer

Beliebt bei …

Hummeln
Solitärbienen
Honigbienen
Schwebfliegen
Schmetterlingen
Nachtfaltern und Kleinfaltern
Sichelwanzen
Schildwanzen
Marienkäfern
Florfliegen

Das Blau von Salbeiblüten wird manchmal als „Bienenblau" beschrieben, weil es für fliegende Insekten leicht zu erspähen ist. Die ultravioletten Markierungen auf den Blütenblättern sind für uns unsichtbar, aber für die Bienen sind sie Verkehrszeichen: Blütenmuster und Pfeile leiten sie zum Nektar im Inneren der Blüten. Wenn eine Biene beispielsweise in die Blüte eines Steppen-Salbei (*Salvia nemorosa* 'Caradonna') krabbelt, aktiviert das Gewicht des Insekts einen Hebel, der die Staubblätter nach unten biegt, um auf dem Rücken der Biene Pollen abzulegen – der dort an genau der richtigen Stelle liegt, um die nächste Blüte auf der Flugroute zu bestäuben.

In diesem Pflanzplan für eine sonnige Stelle wird der Salbei mit weiteren Bestäuberlieblingspflanzen kombiniert, darunter die Schafgarbe (*Achillea* 'Coronation Gold') mit flachen Dolden sowie die Purpur-Witwenblume *(Knautia macedonica)* mit ihren Blüten, die dicht an dicht mit Blütenblättern besetzt sind – wie ein Nadelkissen mit Nadeln. Die Sommerhyazinthe *(Galtonia candicans)*, eine mehrjährige Zwiebelpflanze mit leuchtend weißen Blüten, die sich zwischen die anderen schieben, ist eine ideale Kandidatin für Etagenpflanzungen.

So geht's

1 Mit einem Spaten den Boden umgraben und Erdklumpen krümelig aufbrechen.

2 Alle Pflanzen zusammentragen.

3 Der Steppen-Salbei macht den Anfang: Die eingetopften Pflanzen auf dem Boden zu einem Farbblock anordnen.

4 Nun Schafgarbe 'Coronation Gold' und Purpur-Witwenblume nach dem gleichen Blockfarben-Prinzip dazustellen. Mit ähnlichen Wuchsformen und Wuchstempo passen diese Pflanzen gut zusammen.

5 Schließlich die Wolfsmilch dazu platzieren.

6 An den Rändern jeder Gruppe ein oder zwei Pflanzen so verrutschen, dass sie sich beim Wachsen zwischen die anderen schieben werden.

7 Nacheinander die Pflanzen aus den Töpfen klopfen und mit den Fingerspitzen vorsichtig einige der Wurzeln befreien. Für jede Pflanze ein Loch in der gleichen Tiefe graben wie im Topf, dann einsetzen und mit den Händen sanft andrücken.

8 Alle Pflanzen gründlich angießen.

Bemerkung: Sommerhyazinthen pflanzt man am besten als ruhende Zwiebeln. Dazu werden sie im Spätwinter mit den Spitzen nach oben knapp unter die Erdoberfläche eingesetzt.

Die fünf Pflanzen

1

Schafgarbe
Achillea
'Coronation Gold'

2

Wallichs Wolfsmilch
Euphorbia wallichii

3

Sommerhyazinthe
Galtonia candicans

4

Purpur-Witwenblume
Knautia macedonica

5

Steppen-Salbei
Salvia nemorosa
'Caradonna'

2

Euphorbia wallichii
Wallichs Wolfsmilch

Leuchtend grüne Blätter und hellgelbe Blüten. Der luftige Wuchs bringt nützliche Struktur.

Mehrjährig
Wuchshöhe 60 cm
2 pro m^2
Blüht von Spätfrühling bis Spätsommer

1

Achillea 'Coronation Gold'
Schafgarbe

Hohe flach ausgebreitete Blütendolden und gefiederte Blätter. Die Fruchtstände, in der Form der Blütenköpfe, bilden Winterskulpturen.

Mehrjährig
Wuchshöhe 80 cm
3 pro m^2
Blüht von Frühsommer bis Spätsommer

3

Galtonia candicans
Sommerhyazinthe

Zwiebelblüher mit strahlenden wachsweißen Blüten. Leichter Duft. Nur bedingt winterhart, Zwiebeln frostfrei überwintern.

Zwiebelpflanze
Wuchshöhe 1,20 m
2 pro m^2
Blüht von Frühsommer bis Frühherbst

4

Knautia macedonica
Purpur-Witwenblume

Eine farbintensive Art der Kardengewächse mit gefiederten Blättern und zahlreichen Blüten. Sie gehört zu den Mehrjährigen mit der längsten Blütezeit und der höchsten Blütenanzahl.

Mehrjährig
Wuchshöhe 1,50 m
2 pro m^2
Blüht von Hochsommer bis Frühherbst

5

Salvia nemorosa 'Caradonna'
Steppen-Salbei

An die fast schwarzen Stängel der aufstrebenden Blütenähren sind tintenblaue Blüten getupft, vollgepackt mit Pollen und Nektar für die Bestäuber.

Mehrjährig
Wuchshöhe 60 cm
3 pro m^2
Blüht von Frühsommer bis Vollherbst

Beliebt bei …

Hummeln
Solitärbienen
Honigbienen
Schwebfliegen
Schmetterlingen
Nachtfaltern
überwinternden Marienkäfern und Florfliegenlarven

Farben kann man im Garten sehr wirkungsvoll einsetzen, und dieser Pflanzplan spielt mit einer hübschen gedeckten Farbpalette, die die Erinnerung an das Frischgrün des Sommers bewahrt. Die erfrischend kühle Dolden-Glockenblume *(Campanula lactiflora)* wirkt im Zusammenspiel mit den kupferfarbigen Blüten des Kleinblütigen Fingerhuts *(Digitalis parviflora)*, dessen Blütenform Gedanken an lichten Wald aufkommen lässt. Die zitronengelbe Steppen-Wolfsmilch *(Euphorbia seguieriana)* hellt die ganze Zusammenstellung auf, weil sie mit ihren Blüten selbst an trübgrauen Tagen eine heitere Note einbringt.

So geht's

1 Mit einem Spaten den Boden der vorgesehenen Fläche umgraben und dabei die Erdklumpen aufbrechen, bis die Erde gut krümelig ist.

2 Alle Pflanzen am geplanten Ort zusammentragen.

3 Mit der dunkelsten Pflanze anfangen, dem Salbei 'Caradonna', und ihn zunächst im Topf in kleinen Gruppen auf die Erde stellen.

4 Um den Salbei werden nun Wolfsmilch und Fingerhut herum gruppiert.

5 Für einige der Glockenblumen wählt man einen Pflanzplatz nahe am Fingerhut.

6 Das Herz-Zittergras nun so zwischen den Blühpflanzen „einfädeln", dass es mit seinen linealigen Blättern das Ganze wie eine Naht zusammenhält.

7 Nacheinander die Pflanzen aus den Töpfen klopfen und mit den Fingerspitzen vorsichtig einige der Wurzeln befreien. Für jede Pflanze ein Loch in der gleichen Tiefe graben wie im Topf, dann einsetzen und mit den Händen sanft andrücken.

8 Alle Pflanzen gründlich angießen.

Die fünf Pflanzen

1

Herz-Zittergras
Briza media

2

Dolden-Glockenblume
Campanula lactiflora

3

Kleinblütiger Fingerhut
Digitalis parviflora

4

Steppen-Wolfsmilch
Euphorbia seguieriana

5

Steppen-Salbei
Salvia nemorosa 'Caradonna'

1

Briza media
Herz-Zittergras

Leuchtend grüne Blätter, dicke Blütenknospen. Rispen voller herzförmiger Ährchen, die wie ein Bienenschwarm in der Luft hängen. Wintergrün.

Gras
Wuchshöhe 50 cm
1 pro m²
Blüht von Spätfrühling bis Hochsommer

2

Campanula lactiflora
Dolden-Glockenblume

Lockere Rispen himmelblauer Blüten an einer hohen luftigen Pflanze.

Mehrjährig
Wuchshöhe 1 m
1 pro m²
Blüht von Hochsommer bis Frühherbst

3

Digitalis parviflora
Kleinblütiger Fingerhut

Vollgepackt mit kupferfarbigen Blüten, die sich von unten nach oben öffnen. Eine hohe Pflanze mit wenig Platzbedarf am Boden. Sehr beliebt bei Bienen.

Mehrjährig
Wuchshöhe 60 cm
1 pro m²
Blüht von Spätfrühling bis Hochsommer

4

Euphorbia seguieriana
Steppen-Wolfsmilch

Leuchtend zitronig-limoniges Blattwerk und zitronengelbe Blüten.

Mehrjährig
Wuchshöhe 80 cm
1 pro m^2
Blüht von Frühsommer bis Spätsommer

5

Salvia nemorosa 'Caradonna'
Steppen-Salbei

Aufstrebende Ähren mit dunkel tintenblauen Blüten an fast schwarzen Stängeln. Vollgepackt mit Pollen und Nektar.

Mehrjährig
Wuchshöhe 60 cm
3 pro m^2
Blüht von Frühsommer bis Vollherbst

Beliebt bei …

Hummeln
Solitärbienen
Honigbienen
Schwebfliegen
Schmetterlingen
Nachtfaltern

Blau und Grün

ab Juli | Hochsommer

Mathiasella 'Green Dream' hat eine faszinierende Blüte: Eine große grüne Dolde. Hier passt ihr attraktives Blattwerk gut zu zwei Gräsern – Sibirisches Perlgras 'Alba' und Japan-Berggras – zusammen mit Spanischem Gänseblümchen und Blausternbusch, der im Spätsommer mit blassblauen Blüten aufwartet.

Gleich hoch werdend, blühen die zwei Gräser nacheinander von Spätfrühling bis Frühherbst. Das Berggras wächst besonders langsam – auch gut im Kübel –, und ich mag es, wie die winzigen Blüten des Perlgrases nach einem Regenschauer durch die Regentropfen auf seinen Blättern nochmals aufgegriffen werden. Höhe und Rippung der Zinkwanne betonen die Linearität der Gewächse darin.

So geht's

1 Alle Pflanzen zusammensammeln. Einen Kübel aussuchen und gleich richtig platzieren, weil er sich später, mit Erde gefüllt, nur noch schwer versetzen lässt.

2 Wasserabzugslöcher in den Kübelboden bohren, falls er noch keine hat. Die Löcher mit Steinchen abdecken, damit die Erde im Topf bleibt.

3 Den Topf mit torffreier Universalerde guter Qualität füllen und dabei zwischen Topfoberkante und Erde einen guten Zentimeter Abstand zum Gießen lassen.

4 Die beiden Mathiasella werden zuerst gepflanzt und kommen Richtung Topfmitte. Dazu beide aus den Töpfen nehmen, vorsichtig einige Wurzeln befreien und ebenso tief einpflanzen wie im Topf. Mit den Händen sanft andrücken.

5 Die Gräser, also Japan-Berggras und Sibirisches Perlgras 'Alba', kommen als Nächstes in gleichmäßigem Abstand, damit sie beim Wachsen zusammentreffen.

6 Nun die Blausternbüsche dazupflanzen und sorgfältig festdrücken. Die Spanischen Gänseblümchen kommen in unregelmäßigem Abstand an den Kübelrand.

7 Mit den Fingern zusätzlich etwas Kompost zwischen die Pflanzen drücken, damit im Kübel keine Lücken bleiben. Alles gründlich wässern.

Bemerkung: Pflanzen in Kübeln brauchen wesentlich mehr Wasser als solche im Beet. Einmal wöchentlich gießen, bei Sommerhitze täglich.

Die fünf Pflanzen

1

Blausternbusch
Amsonia tabernaemontana

2

Spanisches Gänseblümchen
Erigeron karvinskianus

3

Japan-Berggras
Hakonechloa macra

4

Mathiasella
Mathiasella bupleuroides
'Green Dream'

5

Sibirisches Perlgras
Melica altissima
'Alba'

1

Amsonia tabernaemontana
Blausternbusch

Hohe Blütenstängel mit lockeren Büscheln anmutiger himmelblauer Blüten.

Mehrjährig
Wuchshöhe 80 cm
2 pro Topf
Blüht von Frühsommer bis Spätsommer

2

Erigeron karvinskianus
Spanisches Gänseblümchen

Überhängende feinstrahlige Blüten, ähnlich den bekannten Gänseblümchen, mit gelber Mitte. Säen sich mit der Zeit selbst aus.

Mehrjährig
Wuchshöhe 30 cm
2 pro Topf
Blüht von Mittfrühling bis Spätherbst

3

Hakonechloa macra
Japan-Berggras

Sommergrünes Gras mit lindgrünen Blütchen. Langsam wachsend, horstbildend.

Gras
Wuchshöhe 30 cm
2 pro Topf
Blüht von Spätsommer bis Frühherbst, aber normalerweise als Blattschmuck angepflanzt.

4

Mathiasella bupleuroides 'Green Dream'
Mathiasella

Leuchtend apfelgrüne Blütendolden und attraktives Blattwerk. Die Einzelblüten sind groß genug, dass eine Hummel hineinpasst. Im Winter eindrucksvolle Samenstände.

Zwiebelpflanze
Wuchshöhe 1 m
2 pro Topf
Blüht von Mittfrühling bis Frühsommer

5

Melica altissima 'Alba'
Sibirisches Perlgras

Leuchtend grünes Gras, glänzende reisähnliche Blütchen und Samen.

Gras
Wuchshöhe 90 cm
2 pro Topf
Blüht von Spätfrühling bis Frühsommer

Beliebt bei …

Hummeln
Solitärbienen
Honigbienen
Schwebfliegen
Schmetterlingen
Nachtfaltern
Schildwanzen
Marienkäfern
überwinternden Florfliegenlarven

Vielen von uns ist bewusst, dass wir nur die Hüter unserer Gärten sind und für diese Zeit die Verantwortung haben, unser Bestes für sie zu tun. Also wann immer möglich, regionales Material benutzen und uns für Pflanzen entscheiden, die sich für den jeweiligen Boden gut eignen.

Dieser Pflanzplan des Gartengestalters Jo McKerr greift die Details der Örtlichkeit auf – heiß, sonnig und nach Bauarbeiten voller Schutt – und macht daraus einen Garten, der gleichermaßen schön, farbenfroh und nachhaltig ist. Dabei geht es weniger um die Einzelpflanzen als darum, wie sie zusammenwirken, und die Pflanzen blühen den ganzen Sommer hindurch ohne größeren Einsatz der Gießkanne. Die Kombination ist so ungezwungen, dass man gar nicht glauben mag, wie widerstandsfähig sie ist. Im Winter greifen die Samenstände von Garten-Mannstreu (*Eryngium × zabelii* 'Jos Eijking') und Syrischem Brandkraut *(Phlomis russeliana)* die Form der Blüten nochmals wunderschön auf.

So geht's

1 Den Boden mit einem Spaten umgraben und Erdklumpen krümelig aufbrechen.

2 Alle Pflanzen an einem Ort zusammenholen.

3 Die aufs Notwendige, mit Ecken und Kanten beschränkte Zusammenstellung hier, beruht auf dem Rhythmus der Pflanzen sowie auf den Pflanzen selbst. Deswegen beim Aufstellen auf dem Boden in Töpfen, das Brandkraut und Mannstreu einzeln und gelegentlich paarweise (pro Pflanzenart) arrangieren.

4 In unregelmäßigen Abständen das Eisenkraut zwischen Brandkraut und Mannstreu einstreuen.

5 Hier und da eine Nachtkerze vorsehen, die für Farbakzente sorgt.

6 Zufrieden mit allem? Dann nacheinander die Pflanzen aus ihren Töpfen klopfen und jeweils einige Wurzeln entwirren. Für jede Pflanze ein Loch graben, so tief einsetzen wie vorher im Topf und schließlich die Erde mit den Händen sanft andrücken.

7 Alle Pflanzen gründlich angießen.

8 Kugellauch setzt man am besten im Herbst als ruhende Zwiebeln, die im nächsten Jahr blühen. Dazu werden die Zwiebeln 10–15 cm tief mit dem spitzen Ende nach oben zwischen die anderen Pflanzen gesetzt. Wer will, kann sie auch im Frühsommer als keimende Zwiebeln kaufen.

Bemerkung: Im Winter greifen die Samenstände vom Garten-Mannstreu und Brandkraut die Form der Blüten nochmals wunderschön auf.

Die fünf Pflanzen

1

Kugellauch
Allium sphaerocephalon

2

Garten-Mannstreu
Eryngium × zabelii 'Jos Eijking'

3

Nachtkerze
Oenothera biennis

4

Syrisches Brandkraut
Phlomis russeliana

5

Purpurblättriges Eisenkraut
Verbena officinalis var. *grandiflora* 'Bampton'

1

Allium sphaerocephalon
Kugellauch

Dunkellila gefärbte, kugelförmige Blütenstände auf geraden grünen Stängeln mit nur wenigen Blättern.

Zwiebelpflanze
Wuchshöhe 90 cm
8 pro m^2
Blüht von Hochsommer bis Spätsommer

2

Eryngium × zabelii 'Jos Eijking'
Garten-Mannstreu

Stahlblaue Distelblüten zwischen stacheligen Tragblättern und gezackte Blätter mit scharfen „Zähnen". Die Blüten werden im Lauf des Sommers immer blauer.

Mehrjährig
Wuchshöhe 70 cm
1 pro m^2
Blüht von Spätsommer bis Vollherbst

3

Oenothera biennis
Nachtkerze

Buttergelbe Blüten öffnen sich in der Abenddämmerung mit zartem Duft.

Zweijährig
Wuchshöhe 1,50 m
1 pro m^2
Blüht von Hochsommer bis Spätsommer

4

Phlomis russeliana
Syrisches Brandkraut

Kerzengerade Stängel mit gelben Blütenwirbeln besetzt. Im Winter greifen die Samenstände die Form der Blüten auf.

Mehrjährig
Wuchshöhe 1,20 m
1 pro m²
Blüht von Hochsommer bis Spätsommer

5

Verbena officinalis var. *grandiflora* 'Bampton'
Purpurblättriges Eisenkraut

Rosafarbene Trompetenblütchen an den Spitzen bogiger Stängel. Die Blätter sind gezähnt und pflaumenfarbig überhaucht.

Mehrjährig
Wuchshöhe 1 m
1 pro m²
Blüht von Frühsommer bis Vollherbst

Beliebt bei …

Hummeln
Solitärbienen
Schwebfliegen
Schmetterlingen
Nachtfaltern
Marienkäfern
überwinternden Florfliegenlarven

Die Blüten der Mohnarten sind recht kurzlebig. Weil Mohn leicht aus Samen zu ziehen ist und sich auch bereitwillig aussamt, ist er trotzdem eine sehr verlässliche Pflanze. Dieser Pflanzplan ist von der Californium Superbloom inspiriert, dem Naturwunder der Massenblüte im kalifornischen Death Valley, wenn dort in manchen Jahren ungewöhnlich viele Wildblumensamen zur gleichen Zeit keimen und blühen. Dann ist die Wüste ein Mekka für Gartenbauer und Social-Media-Influencer.

Der Kalifornische Mohn *(Eschscholzia californica)*, auch Schlafmützchen genannt, mag es gerne sonnig auf magerem Boden, womit er eine gute Wahl bei unstetem Wetter ist. Er blüht ab dem Frühsommer.

So geht's

1 Wildblumen kann man im Frühjahr oder im Herbst säen, in die Erde mit der letzten Wärme des Sommers. Herbstaussaaten blühen etwas früher, mit kräftigeren Pflanzen.

2 Mit einem Spaten den Boden umgraben und Erdklumpen krümelig aufbrechen.

3 Alle Samen in einem Behälter vermischen und pro Quadratmeter eine knappe Prise davon auf die Erde streuen. Die Erde etwas glatt streichen, aber die Samen nicht abdecken.

4 Die Samen vorsichtig angießen. Wenn es nicht regnet, muss die Erde feucht gehalten werden, bis nach ungefähr einer Woche grüne Sämlinge zu sprießen beginnen.

Bemerkung: Alle Pflanzen hier säen sich selbst aus und blühen deswegen auch in den folgenden Jahren.

Die fünf Pflanzen

1

Kalifornischer Mohn
Eschscholzia californica

2

Kalifornischer Mohn
Eschscholzia californica
'Carmine King'

3

Saat-Wucherblume
Glebionis segetum

4

Pfirsich-Leinkraut
Linaria 'Peachy'

5

Roter Lein
Linum grandiflorum var. *rubrum*

3

Glebionis segetum
Saat-Wucherblume

Früher ein häufiger Anblick in Getreidefeldern. Gelbe Blüten, Margeriten ähnlich, auf hohen Stängeln. Leicht aus Samen zu ziehen.

Einjährig
Wuchshöhe 80 cm
1 Samentütchen
Blüht von Frühsommer bis Frühherbst

2

Eschscholzia californica
'Carmine King'
Kalifornischer Mohn

Rosa Knospen entfalten sich zu blassrosa Blüten. Abgeblühtes abzwicken, um mehr Blüten zu fördern. Leicht aus Samen zu ziehen.

Einjährig
Wuchshöhe 45 cm
1 Samentütchen
Blüht von Frühsommer bis Frühherbst

1

Eschscholzia californica
Kalifornischer Mohn

Orangefarbene Blüten gefolgt von langen, gebogenen Fruchtständen. Das Abzwicken verwelkter Blüten fördert die Bildung von weiteren. Leicht aus Samen zu ziehen.

Einjährig
Wuchshöhe 45 cm
1 Samentütchen
Blüht von Frühsommer bis Frühherbst

4

Linaria 'Peachy'
Pfirsich-Leinkraut

Blasse Blüten, Löwenmäulchen ähnlich, auf leicht bogigen Stängeln. Leicht aus Samen zu ziehen.

Mehrjährig
Wuchshöhe 90 cm
1 Samentütchen
Blüht von Frühsommer bis Vollherbst

5

Linum grandiflorum var. *rubrum*
Roter Lein

Scharlachrote Blüten mit dunklerer Mitte. Leicht aus Samen zu ziehen.

Einjährig
Wuchshöhe 50 cm
1 Samentütchen
Blüht von Frühsommer bis Frühherbst

Beliebt bei …

Hummeln
Solitärbienen
Honigbienen
Schwebfliegen
Schmetterlingen
Nachtfaltern und Kleinfaltern

Ein Beet mit Schnittblumen anzupflanzen, ist die nachhaltigste Methode für frische Blumen zu Hause, ohne die Umweltbelastung durch Flugtransporte und Wegwerf-Folienverpackungen. Dahlien profitieren von regelmäßigem, häufigem Schnitt und es gibt sie in allen Farben der Malerpalette. Einjährige wie Knorpelmöhre und Strahlen-Breitsame erzeugen in kürzester Zeit so viele Blüten und Samen wie möglich. Man schneidet alle drei direkt über den Blattansätzen und regt so die Bildung neuer Blütenknospen an. Außerdem schneidet man Blumen immer früh am Morgen oder spät am Abend und stellt sie direkt in einen Eimer mit Wasser, damit die Blüten länger halten.

So geht's

1 **Im Herbst:** Samen von Knorpelmöhre und Strahlen-Breitsame besorgen. Kleine Töpfe mit Anzuchterde füllen und dabei zwischen Topfoberkante und Erde einen guten Zentimeter Abstand zum Gießen lassen.

2 Jeden Topf kurz und kräftig auf dem Pflanztisch aufklopfen, damit die Erde sich setzt und die Oberfläche eben wird. 5–10 Samen pro Topf gleichmäßig verteilen, so dass später bei den Keimlingen kein Gedränge herrscht. Die Samen nicht bedecken und sanft angießen. Die Töpfe beschriften und auf ein Fensterbrett stellen. Die Erde feucht halten – nach zwei bis drei Wochen sollten Keimspitzen erscheinen.

3 Sobald die Keimlinge pflanzentypische Blätter entwickeln, also die nächsten nach den Keimblättern, werden sie in Einzeltöpfe umgesetzt. Damit die empfindlichen Stängel keinen Schaden nehmen, hält man die Sämlinge an einem Blatt und stützt die Wurzeln. Die Einzeltöpfe warten dann auf der Fensterbank auf einen guten Pflanztermin.

4 **Draußen:** Mit einem Spaten den Boden umgraben und Erdklumpen krümelig aufbrechen. In Löcher von 15 cm Tiefe die Zwiebeln des Riesen-Lauchs 'Mount Everest' mit der Spitze nach oben einsetzen. Mit Erde abdecken und festklopfen.

5 **Im Frühjahr:** Die Dahlien aus den Töpfen nehmen und vorsichtig einige Wurzeln befreien. Für jede Pflanze ein Loch in der gleichen Tiefe graben wie im Topf. Dahlien sind nährstoffhungrig, deswegen in jedes Loch eine Schaufel voll torffreier Universalerde geben, dann einsetzen und die Erde mit den Händen andrücken. Die Knorpelmöhren- und Breitsame-Pflänzchen zwischen die Dahlien einpflanzen. Gründlich angießen.

Die fünf Pflanzen

1

Weißer Riesen-Lauch
Allium stipitatum
'Mount Everest'

2

Knorpelmöhre
Ammi majus

3

Anemonen-Dahlie
Dahlia 'Blue Bayou'

4

Pompon-Dahlie
Dahlia
'Frank Holmes'

5

Strahlen-Breitsame
Orlaya grandiflora

1

Allium stipitatum 'Mount Everest'
Weißer Riesen-Lauch

Weiße Sternkugeln auf senkrechten grünen Stängeln. Die kugeligen Samenstände wirken umwerfend und greifen die Form der Blüten auf.

Zwiebelpflanze
Wuchshöhe 1,20 m
1 pro m²
Blüht von Frühsommer bis Hochsommer

2

Ammi majus
Knorpelmöhre

Wie ein luftiger Wiesenkerbel mit hohen, fast blattlosen Stängeln und Doldenblüten. Sehr beliebt bei Bienen.

Einjährig
Wuchshöhe 1,20 m
1 pro m²
Blüht von Frühsommer bis Frühherbst

3

Dahlia 'Blue Bayou'
Anemonen-Dahlie

Anemonenblütige Dahlie mit intensiv pink gefärbten offenen Blüten. Lange Stängel und lang haltbare Blüten für Garten und Vase. Gut für Bestäuber, was bei Dahlien nicht häufig ist.

Mehrjährig
Wuchshöhe 1,20 m
1 pro m²
Blüht von Hochsommer bis Frühherbst

4

Dahlia 'Frank Holmes'
Pompon-Dahlie

Wirkungsvolle Pomponblüten in großer Zahl.

Mehrjährig
Wuchshöhe 90 cm
1 pro m²
Blüht von Hochsommer bis Frühherbst

Bemerkung: Zu Winterbeginn einen kleinen Erdhaufen über die Dahlienwurzeln schaufeln, um sie vor der Kälte zu schützen, damit sie im nächsten Jahr wieder blühen. Sie vertragen keinen Frost! In kälteren Gegenden daher die Wurzelknollen kühl und dunkel (z. B. in Sand) im Keller überwintern.

5

Orlaya grandiflora
Strahlen-Breitsame

Reinweiße Blüten in luftigen Dolden auf fast blattlosen Stängeln.

Einjährig
Wuchshöhe 60 cm
3 pro m²
Blüht von Frühsommer bis Frühherbst

Beliebt bei ...

Hummeln
Solitärbienen
Wespen
Schwebfliegen
Schmetterlingen
Nachtfaltern
Marienkäfern
überwinternden Florfliegenlarven

Diese Inselbepflanzung fängt mit Blumen die Farben des Hochsommers ein und nutzt dazu die Kombination mit besonders dunklem Bronze-Fenchel und dem buntfarbigen Sommer-Phlox 'Cherry Caramel'. Dahlien wurden erstmals vor 200 Jahren aus Mexiko nach Europa importiert. Man erkannte schnell, dass durch Kreuzung und Anzucht aus Samen unterschiedlichste Abkömmlinge entstehen – die Anemonen-Dahlie 'Soulman' gehört zu den fast 3300 Sorten, die heute von der Deutschen Dahlien-, Fuchsien- und Gladiolen-Gesellschaft gelistet werden. Ich mag sie wegen ihrer gefüllten, sanft verblassenden Blüten. Die Tigerlilie 'Stracciatella Event' punktet mit Höhe und Blütenzahl, so dass eine Zwiebel reicht, um Blütenfülle in der oberen Etage zu bieten. Der üppig blühende einjährige Sommer-Phlox 'Cherry Caramel' erfreut mit verschiedenen Karamelltönen.

So geht's

1 Einjährige kann man durchaus im Frühjahr säen. Aber nach Herbstaussaat und Auspflanzen im Frühjahr nach den Eisheiligen blühen die Pflanzen früher und werden kräftiger.

2 Ein Tütchen Samen des Sommer-Phlox 'Cherry Caramel' bereitlegen. Kleine Töpfe mit Anzuchterde füllen und oben einen guten Zentimeter Platz lassen zum Gießen.

3 Jeden Topfboden kräftig aufklopfen, damit die Erde sich setzt und eine ebene Oberfläche bekommt. 5–10 Samen pro Topf gleichmäßig verteilt aufstreuen, denn später soll bei den Keimlingen kein Gedränge herrschen.

4 Die Samen unbedeckt liegen lassen und behutsam angießen. Die Töpfe beschriften und auf ein Fensterbrett stellen. Die Erde feucht halten – nach zwei bis drei Wochen sollten Keimspitzen erscheinen.

5 Sobald die Keimlinge ihre pflanzentypischen Blätter bekommen haben, also die ersten „echten" nach den Keimblättern, werden sie in Einzeltöpfe umgesetzt. Damit die empfindlichen Stängel keinen Schaden nehmen, hält man die Sämlinge an einem Blatt und stützt die Wurzeln. Die Einzeltöpfe warten dann auf der Fensterbank auf einen guten Pflanztermin.

6 **Im Spätwinter:** Mit einem Spaten den Boden umgraben und eventuelle Erdklumpen schön krümelig aufbrechen.

7 Die Zwiebeln der Tigerlilie 'Stracciatella Event' 10–15 cm tief und mit dem spitzen Ende nach oben in die Erde setzen.

8 **Im Frühjahr:** Die eingetopften Pflanzen auf der Erde aufstellen und Platz zum Wachsen einrechnen. Dahlien sind nährstoffhungrig, deswegen zusätzlich eine Schaufel voll torffreier Universalerde einbringen.

9 Alle Pflanzen aus den Töpfen nehmen und vorsichtig einige Wurzeln befreien. Für jede Pflanze ein Loch in der gleichen Tiefe graben wie im Topf, dann einsetzen und die Erde mit den Händen andrücken. Alle Pflanzen gründlich angießen.

Die fünf Pflanzen

1

Anemonen-Dahlie
Dahlia 'Soulman'

2

Purpur-Bartnelke
Dianthus barbatus
'Sweet Cherry Black'

3

Bronze-Fenchel
Foeniculum vulgare
'Purpureum'

4

Tigerlilie
Lilium
'Stracciatella Event'

5

Sommer-Phlox
Phlox drummondii
'Cherry Caramel'

2

Dianthus barbatus 'Sweet Cherry Black'
Purpur-Bartnelke

Krause grüne Knospen und Blüten in der Farbe von Schwarzkirschen. Mit süßem Duft.

Mehrjährig
Wuchshöhe 30 cm
1 pro m^2
Blüht von Frühsommer bis Spätsommer

1

Dahlia 'Soulman'
Anemonen-Dahlie

Eine sinnliche, pflaumenfarbige und anemonenblütige Dahlie mit zurückgeschlagenen Blütenblättern.

Mehrjährig
Wuchshöhe 1 m
1 pro m^2
Blüht von Hochsommer bis Spätsommer

Bemerkung: Zu Winterbeginn einen kleinen Erdhaufen über die Dahlienwurzeln schaufeln, um sie vor der Kälte zu schützen, damit sie im nächsten Jahr wieder blühen. Sie vertragen keinen Frost! In kälteren Gegenden daher die Wurzelknollen kühl und dunkel (z. B. in Sand) im Keller überwintern.

3

Foeniculum vulgare 'Purpureum'
Bronze-Fenchel

Fast schwarzes fadendünnes Blattwerk und chartreusegrüne Doldenblüten. Essbar sind Blätter, Blüten und Samen.

Mehrjährig
Wuchshöhe 1,80 m
2 pro m^2
Blüht von Hochsommer bis Spätsommer

5

Phlox drummondii
'Cherry Caramel'
Sommer-Phlox

Leicht variierende cremige Blütenfarben aus einem einzigen Samentütchen. Süßer Duft.

Einjährig
Wuchshöhe 45 cm
1 pro m^2
Blüht von Frühsommer bis Frühherbst

4

Lilium 'Stracciatella Event'
Tigerlilie

Reinweiße Blüten mit dunkellila Mitte und orangefarbenen Staubbeuteln.

Zwiebelpflanze
Wuchshöhe 1,20 m
1 pro m^2
Blüht von Frühsommer bis Hochsommer

Beliebt bei ...

Hummeln
Solitärbienen
Schwebfliegen
Schmetterlingen
Schildwanzen
Marienkäfern
überwinternden Florfliegenlarven

Diese Hochsommer-Kombination spielt mit Form und Farbe. Sie verwendet als kontrastierenden Hintergrund für kleine intensiv dunkle Blüten ein leuchtendes Gras und eine volle Palette von Strukturen von wachsendem Blattwerk.

Die Schokoladenblume *(Cosmos atrosanguineus)*, auch Schokoladen-Kosmee genannt, stammt aus Mexiko, wo die Wildform als ausgestorben galt. Sie ist eine gute Wahl für einen kleinen Garten, in dem man sie vorzugsweise vor einer sonnenwarmen Mauer einsetzt, weil ihr Schokoladenduft sich dort lange halten kann. Die Mähnen-Gerste *(Hordeum jubatum)* samt sich üppig selbst aus, so dass aus einer Pflanze sehr rasch viele Pflanzen werden. Deswegen sollte sie am besten nur begrenzten Raum zur Verfügung bekommen.

Und die Oktober-Silberkerze (*Actaea simplex* Atropurpurea-Gruppe) bildet im Spätsommer attraktive weiße Flaschenputzer-Blütenstände.

So geht's

1 Mit einem Spaten den Boden umgraben und eventuelle Erdklumpen krümelig aufbrechen.

2 Alle Pflanzen am Beet zusammentragen.

3 Zunächst die noch eingetopften Blühpflanzen – Schokoladenblume, Oktober-Silberkerze, Perlkörbchen und Wiesenknopf 'Tanna' – in passenden Abständen auf dem Boden arrangieren.

4 Dazwischen die Mähnen-Gersten einflechten. Anfangs werden sie etwas spärlich wirken, sollten aber trotzdem mit ein wenig Abstand gepflanzt werden, weil sie sich beim Wachsen zusammenfinden werden.

5 Nacheinander die Pflanzen aus den Töpfen klopfen und mit den Fingerspitzen vorsichtig einige der Wurzeln befreien. Für jede Pflanze ein Loch in der gleichen Tiefe graben wie im Topf, dann einsetzen, seitlich mit Erde anfüllen und die Erde mit den Händen sanft andrücken.

6 Die ganze Pflanzung sorgfältig angießen.

Die fünf Pflanzen

1

Oktober-Silberkerze
Actaea simplex Atropurpurea-Gruppe

2

Perlkörbchen
Anaphalis triplinervis

3

Schokoladenblume
Cosmos atrosanguineus

4

Mähnen-Gerste
Hordeum jubatum

5

Purpur-Wiesenknopf
Sanguisorba 'Tanna'

1

Actaea simplex
Atropurpurea-Gruppe
Oktober-Silberkerze

Hohe Stängel mit dunklen Blättern und aufragenden weißen Flaschenputzer-Blütenständen, die als Winterskulpturen stehen bleiben.

Mehrjährig
Wuchshöhe 1,50 m
1 pro m²
Blüht von Frühherbst bis Vollherbst

2

Anaphalis triplinervis
Perlkörbchen

Papierartige weiße Blüten mit graugrünem Blattwerk und wollig behaarten Stängeln.

Mehrjährig
Wuchshöhe 70 cm
2 pro m²
Blüht von Hochsommer bis Spätsommer

3

Cosmos atrosanguineus
Schokoladenblume

Kleine samtige Blüten an langen Stängeln. Deutlicher Schokoladenduft. Bei uns nicht winterhart, Überwintern wie bei Dahlien möglich.

Mehrjährig
Wuchshöhe 40 cm
3 pro m²
Blüht von Frühsommer bis Frühherbst

4

Hordeum jubatum
Mähnen-Gerste

Seidig glänzende Blütenähren, an den Spitzen oft rot überlaufen, erinnern an wogende Gerstenfelder. Samt sich üppig aus. Sommergrün.

Gras
Wuchshöhe 60 cm
2 pro m^2
Blüht von Frühsommer bis Frühherbst

5

Sanguisorba 'Tanna'
Purpur-Wiesenknopf

Struppige, leuchtend rubinrote Knubbel tanzen auf drahtigen hohen Stängeln.

Mehrjährig
Wuchshöhe 50 cm
1 pro m^2
Blüht von Frühsommer bis Frühherbst

Beliebt bei ...

Hummeln
Solitärbienen
Honigbienen
Schwebfliegen
Schmetterlingen
Nachtfaltern
überwinternden Marienkäfern und Florfliegenlarven

Dieses Topf-Arrangement taucht tief in die Welt der Düfte ein. Duftpelargonien werden wegen ihrer wohlriechenden Blätter und am besten in einem umschlossenen Bereich angepflanzt, damit sie ihren Duft freisetzen, wenn man sie streift. Die zitronigen Blätter und blassrosa Blüten der Duftpelargonie 'Mabel Grey' passen gut zum tief eingeschnittenen Blattwerk der nach Rose duftenden Pelargonie 'Graveolens'. Die Duftpelargonie 'Chocolate Peppermint' fügt mit tief kirschrot gefleckten rosa Blüten ausgefallene Farbe hinzu.

Vor der Wand leuchten die wachsigen Blätter und weißen Sternblüten des Sternjasmin, mit süßem Duft im Frühsommer.

So geht's

1. Waagrecht an einer Wand verzinkte Drähte mit 20 cm Abstand anbringen. Den Sternjasmin am Fuß der Mauer mit Neigung zur Wand hin pflanzen. Triebe, die schon lang genug sind, an die niedrigsten Drähte leiten. Gründlich wässern.
2. Vier großzügig bemessene Tongefäße aussuchen, denn Pelargonien wachsen rasch.
3. Die Bodenlöcher in den Gefäßen mit einem Steinchen abdecken, damit die Erde drinbleibt, und für guten Wasserabzug eine dicke Lage Gartensplitt einschütten.
4. Jedes Gefäß zu gleichen Teilen mit torffreier Universalerde und Splitt füllen und damit ein schön durchlässiges Substrat schaffen. Zwischen der Erde und der Gefäßoberkante einen guten Zentimeter Platz zum Gießen lassen.
5. Die Pflanzen aus ihren Töpfen klopfen und mit den Fingerspitzen vorsichtig einige Wurzeln befreien, dann in jedes Gefäß ein Loch graben und je eine Pflanze einsetzen. Sanft andrücken und eventuelle Lücken mit weiterer Erde füllen. Sorgfältig angießen.
6. Pflanzen in Gefäßen brauchen deutlich mehr Wasser als solche im Beet, deswegen muss im Hochsommer täglich gegossen werden.

Bemerkung: Das Ganze in Fensternähe pflanzen, damit der Duft an warmen Tagen das Haus füllen kann.

Die fünf Pflanzen

1

Duftpelargonie
Pelargonium
'Brilliantine'

2

Duftpelargonie
Pelargonium
'Chocolate Peppermint'

3

Duftpelargonie
Pelargonium
'Graveolens'

4

Duftpelargonie
Pelargonium
'Mabel Grey'

5

Sternjasmin
Trachelospermum jasminoides

1

Pelargonium 'Brilliantine'
Duftpelargonie

Leicht graue Blätter mit gebogenen Rändern und würzigem Duft. Kleine helle Blüten.

Mehrjährig
Wuchshöhe 40 cm
1 pro Topf
Blüht von Hochsommer bis Vollherbst

2

Pelargonium 'Chocolate Peppermint'
Duftpelargonie

Schokoladen- und Minzduft der Blätter, hübsche rosa Blüten mit dunkleren Tupfen.

Mehrjährig
Wuchshöhe 40 cm
1 pro Topf
Blüht von Hochsommer bis Vollherbst

3

Pelargonium 'Graveolens'
Duftpelargonie

Tief eingeschnittene Blätter mit Rosenduft, kleine leuchtende rosarote Blüten.

Mehrjährig
Wuchshöhe 40 cm
1 pro Topf
Blüht von Hochsommer bis Vollherbst

4

Pelargonium 'Mabel Grey'
Duftpelargonie

Helle Blätter, duften nach Limonade. Kleine pinkfarbene Blüten.

Mehrjährig
Wuchshöhe 40 cm
1 pro Topf
Blüht von Hochsommer bis Vollherbst

5

Trachelospermum jasminoides
Sternjasmin

Leuchtend weiße sternförmige Blüten mit intensivem Honigduft. Immergrün. Verträgt Frost bis –12 °C.

Kletterpflanze
Wuchshöhe 9 m
1 Pflanze
Blüht von Frühsommer bis Spätsommer

Beliebt bei ...

Hummeln
Solitärbienen
Schwebfliegen
Schmetterlingen
Nachtfaltern

Die fünf Pflanzen

Essbare Pflanzen kann man im kleinsten Garten anbauen, wobei es sich anbietet, solche zu wählen, die man schwer zu kaufen bekommt. Die nach Limonade duftenden Blätter der Zitronenverbene *(Aloysia citrodora)* beleben Cremes, Basilikum 'Mrs Burns' Lemon' gibt dem Gin Basil Smash das gewisse Etwas und mit einigen Blättern der Duftpelargonie 'Attar of Roses' lässt sich ein Sommerpudding aromatisieren ... die Liste ließe sich fortführen.

Ich habe meine essbaren Pflanzen in eine Metallwanne gesetzt und dafür fünf Sorten gewählt, die in puncto Sonne, Erde und Wasser die gleichen Bedingungen mögen. Ihnen allen tut das Abpflücken von Blättern gut, weil sie dann voller und kräftiger werden.

Schön ist ein Behälter, der einen guten Kontrast zu den Pflanzen bildet. Eine graue Patina passt wunderbar zu den kalkig wirkenden Blättern der wärmeliebenden Pflanzen.

1

Zitronenverbene
Aloysia citrodora

2

Basilikum
Ocimum basilicum
'Mrs Burns' Lemon'

3

Duftpelargonie
Pelargonium
'Attar of Roses'

4

Rosmarin
Rosmarinus officinalis
'Miss Jessopp's Upright'

5

Echter Salbei
Salvia officinalis

So geht's

1 Für das Basilikum 'Mrs Burns' Lemon' einen kleinen Topf mit Anzuchterde füllen und oben zum Topfrand hin einen guten Zentimeter Platz zum Gießen lassen.

2 Den Topf kurz und kräftig auf dem Pflanztisch aufklopfen, damit die Erde sich setzt und die Oberfläche zum Säen eben wird. 5–10 Samen pro Topf gleichmäßig verteilen, so dass später bei den Keimlingen kein Gedränge herrscht.

3 Die Samen mit wenig Erde abdecken und behutsam angießen, dass sie an ihren Plätzen bleiben. Den Topf beschriften und auf ein Fensterbrett stellen. Die Erde feucht halten. Die Keimlinge sprießen nach einer Woche ans Licht.

4 Zum Auspflanzen eine ausreichend tiefe Wanne suchen und falls nötig Löcher in den Boden bohren. Die Löcher mit Steinchen abdecken, damit die Erde drinbleibt.

5 Damit das Wasser gut abziehen kann, eine dicke Schicht Gartensplitt einbringen.

6 Torffreie Universalerde und Splitt zu gleichen Teilen mischen und den Kübel damit füllen. Oben wieder einen guten Zentimeter Platz lassen zum Gießen.

7 Den Anfang machen die höchsten Pflanzen, also der Rosmarin 'Miss Jessopp's Upright' und die Zitronenverbene. Beide aus den Töpfen klopfen, mit den Fingerspitzen einige Wurzeln freilegen. Im hinteren Bereich der Wanne Pflanzlöcher ausheben und die Pflanzen so tief einsetzen wie vorher im Topf. Im vorderen Bereich der Wanne zwei weitere Löcher graben, in die die Duftpelargonie 'Attar of Roses' und der Salbei kommen, natürlich ohne ihre Töpfe.

8 Das Basilikum 'Mrs Burns' Lemon' zwischen Duftpelargonie und Salbei einsetzen und dabei wie eine einzige Pflanze behandeln. Eventuelle Lücken zwischen den Sorten mit weiterer Erde auffüllen und die Pflanzung gründlich wässern.

Bemerkung: Zum Ernten die Triebspitzen abzwicken, damit neue nachwachsen.

1

Aloysia citrodora
Zitronenverbene

Hohe Pflanze mit spitz zulaufenden Blättern und zierlichen Blüten in Weiß oder Blasslila. Gibt Höhe. Limonadenduft. Verträgt Frost bis −8 °C.

Mehrjährig
Wuchshöhe 2,50 m
1 pro Topf
Blüht von Hochsommer bis Spätsommer

2

Ocimum basilicum 'Mrs Burns' Lemon'
Basilikum

Basilikum mit einer Zitronennote. Leicht aus Samen zu ziehen.

Einjährig
Wuchshöhe 60 cm
1 pro Topf
Blüht von Hochsommer bis Spätsommer

3

Pelargonium
'Attar of Roses'
Duftpelargonie

Graugrüne Blätter mit bogigem Rand und blassrosa Blüten. Sehr wüchsig. Rosenduft.

Mehrjährig
Wuchshöhe 45 cm
1 pro Topf
Blüht von Frühsommer bis Spätherbst

4

Rosmarinus officinalis 'Miss Jessopp's Upright'
Rosmarin

Dunkelgrüne nadelförmige Blätter und lebhaft blaue Blüten. Aromatisch und immergrün. Verträgt Frost bis –10 °C.

Kleinstrauch
Wuchshöhe 2 m
1 pro Topf
Blüht von Spätfrühling bis Frühsommer

5

Salvia officinalis
Echter Salbei

Große filzige graugrüne Blätter und aufrechte Ähren violetter Blüten.

Mehrjährig
Wuchshöhe 1 m
1 pro Topf
Blüht von Spätfrühling bis Hochsommer

Beliebt bei ...

Hummeln
Solitärbienen
Honigbienen
Schwebfliegen
Schmetterlingen
Nachtfaltern

Von der Leuchtkraft der Farben geht in dieser Zusammenstellung von Pflanzen große Energie aus. Auffallende farbenprächtige und lange blühende Stauden werden oft mit Gräsern kombiniert. Hier sind es Karthäuser-Nelke *(Dianthus carthusianorum)*, Steppen-Salbei (*Salvia nemorosa* 'Amethyst') und Kandelaber-Ehrenpreis (*Veronicastrum virginicum* 'Lavendelturm'), die mit den bienenähnlichen Samenständen und schmalen Blättern des Herz-Zittergrases *(Briza media)* zusammenwirken. Kugellauch *(Allium sphaerocephalon)* ist eine zuverlässig mehrjährige Zwiebelpflanze und damit eine gute Wahl für Etagenpflanzungen.

Wenn die Zeit der Blüten vorbei ist, entwickeln der Steppen-Salbei 'Amethyst' und der Kandelaber-Ehrenpreis 'Lavendelturm' für den Winter Samenstände, die die Form der früheren Blüten wieder aufgreifen.

So geht's

1 Den Boden mit einem Spaten umgraben und dabei die Erdklumpen aufbrechen, bis die Erde schön krümelig-locker ist.

2 Alle Pflanzen zusammentragen.

3 Die eingetopften Pflanzen auf dem Boden aufstellen – jede Pflanzenart für sich als Gruppe. Neuanpflanzungen sehen am Anfang etwas spärlich aus, aber zwischen den Pflanzen sollte immer etwas Platz sein, damit sie sich beim Wachsen als Gruppe zusammenfinden können.

4 Nacheinander die Pflanzen aus den Töpfen klopfen und mit den Fingerspitzen vorsichtig einige der Wurzeln befreien. Für jede Pflanze ein Loch in der gleichen Tiefe graben wie im Topf, dann einsetzen und mit den Händen sanft andrücken.

5 Alle Pflanzen gründlich angießen.

6 Den Kugellauch setzt man am besten im Herbst als ruhende Zwiebeln, die im nächsten Jahr blühen. Dazu werden die Zwiebeln 10–15 cm tief mit dem spitzen Ende nach oben zwischen die anderen Pflanzen gesetzt. Wer will, kann sie auch im Frühsommer als keimende Zwiebeln kaufen.

Bemerkung: Erst wenn sich im Frühjahr frische grüne Triebe aus der Erde schieben, werden alle Pflanzen mit der Gartenschere auf Bodenniveau zurückgeschnitten und können nun den Blühzyklus neu beginnen.

Die fünf Pflanzen

1

Kugellauch
Allium sphaerocephalon

2

Herz-Zittergras
Briza media

3

Karthäuser-Nelke
Dianthus carthusianorum

4

Steppen-Salbei
Salvia nemorosa
'Amethyst'

5

Kandelaber-Ehrenpreis
Veronicastrum virginicum
'Lavendelturm'

3

Dianthus carthusianorum
Karthäuser-Nelke

Kleine intensiv purpurrote Blüten auf dünnen Stängeln. Leichter Duft. Blüht ewig lange.

Mehrjährig
Wuchshöhe 50 cm
1 pro m^2
Blüht von Frühsommer bis Frühherbst

2

Briza media
Herz-Zittergras

Leuchtend grüne Blätter und große Blütenspelzen, die wie ein Bienenschwarm in der Luft hängen. Winzige weiße Blüten. Wintergrün.

Gras
Wuchshöhe 50 cm
1 pro m^2
Blüht von Spätfrühling bis Hochsommer

1

Allium sphaerocephalon
Kugellauch

Kugelförmige Blütenstände in Johannisbeerfarben auf geraden, grünen Stängeln fast ohne Laub.

Zwiebelpflanze
Wuchshöhe 90 cm
8 pro m^2
Blüht von Hochsommer bis Spätsommer

4

Salvia nemorosa
'Amethyst'
Steppen-Salbei

Aufrechte Ähren mit tieflila Blüten. Vollgepackt mit Pollen und Nektar.

Mehrjährig
Wuchshöhe 60 cm
2 pro m^2
Blüht von Hochsommer bis Frühherbst

5

Veronicastrum virginicum
'Lavendelturm'
Kandelaber-Ehrenpreis

Hohe senkrechte Ähren mit violetten Blütchenwirbeln. Die Blüten öffnen sich nacheinander und bieten den Bestäubern viele Besuchsmöglichkeiten. Attraktive Samenstände für den Winter.

Mehrjährig
Wuchshöhe 1,50 m
2 pro m^2
Blüht von Hochsommer bis Frühherbst

Beliebt bei ...

Hummeln
Solitärbienen
Honigbienen
Schwebfliegen
Schmetterlingen
Marienkäfern
überwinternden Florfliegenlarven

Dieser Pflanzplan ist inspiriert von Wildside, dem spannenden Pionierprojekt eines echten Pflanzen-Menschen, Keith Wiley in Dartmoor in England. Die Vorbilder für seinen Garten sind Pflanzengesellschaften auf der ganzen Welt, die er für das Umfeld im Garten neu betrachtet.

Hier intensiviert eine gelbbraune Mini-Savanne aus Gräsern die Blütenfarben von Agapanthus, Taglilie und Glockenblume: Das Zarte Federgras *(Stipa tenuissima)* und das Schwachgekrümmte Liebesgras *(Eragrostis curvula)* liefern den Hintergrund für die satten Farben der Taglilie 'Stafford' *(Hemerocallis)* ebenso wie für das Tintenblau von Agapanthus 'New Blue' sowie der hellblauen Riesen-Dolden-Glockenblume *(Campanula lactiflora)*. Die Taglilie öffnet jede ihrer Blüten nur 24 Stunden lang, das aber in großer Zahl und über einen langen Zeitraum.

Formen sind auf kleinem Raum ebenso nützlich wie Farbe, um Effekte zu erzielen, und die senkrechte Ausrichtung der Gräser liefert einen guten Hintergrund für die dynamischeren Blüten der Blumen.

So geht's

1 Mit einem Spaten den Boden umgraben und dabei die Erdklumpen aufbrechen, bis die Erde schön krümelig ist.

2 Alle Pflanzen zusammentragen.

3 Die noch eingetopften Pflanzen auf dem Boden zurechtstellen und dabei mit den Taglilien 'Stafford', den Agapanthus 'New Blue' und den Glockenblumen anfangen.

4 Nun die Gräser Federgras und Liebesgras zwischen den drei Blumen einflechten und dabei bedenken, dass Taglilien und Agapanthus zu ziemlich kräftigen und breiten Pflanzen heranwachsen.

5 Nacheinander die Pflanzen aus den Töpfen klopfen und mit den Fingerspitzen vorsichtig einige Wurzeln befreien. Für jede Pflanze ein Loch in der gleichen Tiefe graben wie im Topf, dann einsetzen und die Erde mit den Händen sanft andrücken.

6 Die ganze Anpflanzung gründlich angießen.

Bemerkung: Sobald eine der Taglilien-Blüten verwelkt ist, kann man sie abzwicken. Immergrüne Agapanthus sind nicht winterhart und müssen im Haus dunkel und kühl überwintern. Agapanthus sind auch unter dem deutschen Namen Schmucklilie bekannt.

Die fünf Pflanzen

1

Agapanthus
Agapanthus
'New Blue'

2

Riesen-Dolden-Glockenblume
Campanula lactiflora

3

Schwachgekrümmtes Liebesgras
Eragrostis curvula

4

Taglilie
Hemerocallis
'Stafford'

5

Zartes Federgras
Stipa tenuissima

1

Agapanthus 'New Blue'
Agapanthus, Schmucklilie

Dolden tintenblauer Blüten, deren Blütenblätter eine dunklere Mittellinie zeigen. Agapanthus wächst problemlos zwischen anderen Pflanzen. Verträgt keinen Frost.

Mehrjährig
Wuchshöhe 80 cm
1 pro m²
Blüht von Hochsommer bis Spätsommer

2

Campanula lactiflora
Riesen-Dolden-Glockenblume

Himmelblaue Blütenrispen an einer luftigen Pflanze.

Mehrjährig
Wuchshöhe 1 m
1 pro m²
Blüht von Hochsommer bis Frühherbst

3

Eragrostis curvula
Schwachgekrümmtes Liebesgras

Ein kurzes Laub abwerfendes Gras, im Herbst mit gelbbraunen Blütenähren. Papierige Samenstände für den Winter.

Gras
Wuchshöhe 90 cm
3 pro m²
Blüht von Frühherbst bis Vollherbst

4

Hemerocallis 'Stafford'
Taglilie

Riemenförmige Blätter und große zinnoberrote Blüten, die nur einen Tag halten. Eine robuste Staude, die effektvolle Farbkleckse zwischen andere Pflanzen setzt.

Mehrjährig
Wuchshöhe 80 cm
1 pro m²
Blüht von Hochsommer bis Spätsommer

5

Stipa tenuissima
Zartes Federgras

Ein kurzes sommergrünes Gras mit sehr filigranen grünen Blättern. Fedrigbüschelige Samenstände ab Herbst.

Gras
Wuchshöhe 40 cm
3 pro m²
Blüht von Frühsommer bis Frühherbst

Beliebt bei …

Hummeln
Solitärbienen
Honigbienen
Schwebfliegen
Marienkäfern
überwinternden Florfliegenlarven

Der Blasse Scheinsonnenhut *(Echinacea pallida)* ist mit seinen hohen, nahezu blattlosen Stängeln und den schmalen, gekräuselten Blüten eine meiner Lieblingsblumen. Ursprünglich stammt er aus der nordamerikanischen Prärie, wo er andere Blumen weit überragt, um die erste Blüte zu sein, die die Aufmerksamkeit der Bestäuber erregt. Gute Gründe für gute Höhe! Hier ist er mit Pflanzen kombiniert, die eine luftige Silhouette haben, wie das Patagonische Eisenkraut *(Verbena bonariensis)*, die Blauraute (*Perovskia atriplicifolia* 'Blue Spire') und Mannstreu (*Eryngium × tripartitum*), das sich immer lebhafter blau färbt, je weiter der Sommer voranschreitet, und so mit seiner intensiven Farbe starke Akzente setzt.

So geht's

1 Mit einem Spaten den Boden umgraben und dabei die Erdklumpen aufbrechen, bis die Erde krümelig genug ist.

2 Alle Pflanzen zusammensammeln.

3 Die Pflanzen, noch in ihren Töpfen und jeweils pro Art als Gruppe, probeweise auf dem Boden aufstellen. Neuanpflanzungen sehen am Anfang immer etwas spärlich aus, trotzdem muss Platz zwischen den Pflanzen bleiben, den sie beim Wachsen ausfüllen werden.

4 Die Pflanzen nacheinander aus den Töpfen klopfen und mit den Fingerspitzen vorsichtig einige der Wurzeln aus dem Wurzelballen befreien. Für jede Pflanze ein Loch in der gleichen Tiefe graben, wie sie vorher im Topf stand. Jede Pflanze in ihr Loch setzen, mit Erde auffüllen und die Erde mit den Händen sanft rundherum andrücken.

5 Alle Pflanzen gründlich angießen.

6 Wenn sich im Frühjahr die frischen grünen Triebe aus der Erde schieben, werden alle Pflanzen mit der Gartenschere auf Bodenniveau zurückgeschnitten und können nun den Blühzyklus neu beginnen.

Bemerkung: Scheinsonnenhut, Mannstreu und Blauraute 'Blue Spire' ist gemeinsam, dass sie attraktive Samenstände bilden, die in den kalten Wintermonaten wie Skulpturen wirken.

Die fünf Pflanzen

1

Blasser Scheinsonnenhut
Echinacea pallida

2

Dreiteiliger Mannstreu
Eryngium × tripartitum

3

Blauraute
Perovskia atriplicifolia 'Blue Spire'

4

Steppen-Salbei
Salvia nemorosa 'Caradonna'

5

Patagonisches Eisenkraut
Verbena bonariensis

1

Echinacea pallida
Blasser Scheinsonnenhut

Margeritenähnliche Blüten mit schmalen Blütenblättern in gedecktem Rosa und Blütenmitten in Braunorange. Samt sich allmählich selbst aus. Attraktive Samenstände für den Winter.

Mehrjährig
Wuchshöhe 1,20 m
2 pro m^2
Blüht von Hochsommer bis Spätherbst

2

Eryngium × tripartitum
Dreiteiliger Mannstreu

Stahlblaue Distelblüten und scharf gezähnte, geschlitzte Blätter. Das Blau wird im Lauf des Sommers immer intensiver. Die Samenstände bleiben als Winterskulpturen stehen.

Mehrjährig
Wuchshöhe 70 cm
2 pro m^2
Blüht von Spätsommer bis Vollherbst

3

Perovskia atriplicifolia 'Blue Spire'
Blauraute

Samtig blaue Knospen und kleine Trompetenblüten an weißen Stängeln. Mit warmem, würzigem Duft.

Mehrjährig
Wuchshöhe 1 m
1 pro m^2
Blüht von Hochsommer bis Vollherbst

4

Salvia nemorosa
'Caradonna'
Steppen-Salbei

Ähren voller intensiv gefärbter Blüten recken sich auf fast schwarzen Stängeln in die Höhe. Vollgepackt mit Pollen und Nektar.

Mehrjährig
Wuchshöhe 60 cm
3 pro m²
Blüht von Frühsommer bis Vollherbst

5

Verbena bonariensis
Patagonisches Eisenkraut

Kleine violette Blüten an den Spitzen langer, dünner Stängel. Nützlich, um auf wenig Raum Höhe zu erzeugen. Leicht aus Samen zu ziehen, wenn man möchte. Verträgt Frost bis –11 °C.

Mehrjährig
Wuchshöhe 2 m
2 pro m²
Blüht von Spätfrühling bis Frühherbst

Beliebt bei …

Hummeln
Solitärbienen
Honigbienen
Schwebfliegen
Schmetterlingen
Nachtfaltern
überwinternden Marienkäfern und Florfliegenlarven

Als stilisierte Version der Natur wirkt dieses Pflanzschema gut im Stadtgarten: Die lockere Pflanzung steht im Kontrast zu Ziegelsteinen, geraden Linien und rauen Oberflächen.

Die purpurrote Karthäuser-Nelke *(Dianthus carthusianorum)* fädelt ihre dünnen Stängel und Blätter problemlos zwischen dem Zarten Federgras *(Stipa tenuissima)* und Herz-Zittergras *(Briza media)* durch. Dolden sind in der Natur die häufigste Blütenform und werden hier, als pflaumenblaue Blüten der Großen Sterndolde 'Star of Beauty' *(Astrantia major)*, von den neonlila Ährenkerzen der Prachtscharte *(Liatris spicata)* betont. Keine dieser Pflanzen wächst stark in die Breite, also können sie im Topf fast so eng gesetzt werden, wie sie später stehen sollen.

So geht's

1 Einen eckigen Pflanzbehälter aussuchen, der im Kontrast zur Leichtigkeit der Pflanzen steht. Löcher für den Wasserabzug in den Boden bohren, falls er keine hat, und die Löcher mit Steinchen abdecken, damit die Erde drinbleibt.

2 Unten in den Kübel einige Schaufeln Gartensplitt füllen, damit das Wasser gut abgeführt wird, und dann so mit torffreier Universalerde auffüllen, dass zum Gießen oben ein guter Zentimeter Platz zum Topfrand bleibt.

3 Alle Pflanzen zusammenholen. Jede Pflanze aus ihrem Topf klopfen und einige Wurzeln mit den Fingerspitzen aus dem Ballen lösen.

4 Beginnend mit den höheren Pflanzen, werden sie nacheinander im Kübel positioniert. Wichtig ist die Ausgewogenheit der Zusammenstellung, bei der die schmalen hohen Pflanzen sich aus den niedrigen Füllpflanzen herausschieben sollen. Dazu ist der Raum zwischen den Pflanzen genauso wichtig wie die Pflanzen selbst.

5 Für jede Pflanze ein Loch in der gleichen Tiefe graben wie im Topf, dann einsetzen und gut andrücken. Lücken zwischen den Pflanzen mit Erde auffüllen. Gut angießen.

6 Wer will, kann die Ährige Prachtscharte 'Kobold' bereits als Knolle überwintern, 12 cm tief in Einzeltöpfe gesetzt, die man auspflanzt, sobald sie Blätter bekommen. Dazu müssen die Knollen im vorherigen Herbst in die Töpfe gebracht werden und den Winter kühl und dunkel verbringen, damit sie im Frühsommer blühen können.

Die fünf Pflanzen

1

Große Sterndolde
Astrantia major
'Star of Beauty'

2

Herz-Zittergras
Briza media

3

Karthäuser-Nelke
Dianthus carthusianorum

4

Ährige Prachtscharte
Liatris spicata
'Kobold'

5

Zartes Federgras
Stipa tenuissima

1

Astrantia major 'Star of Beauty'
Große Sterndolde

Pergamentartige Blüten in gedecktem Pflaumenblau mit filigranen Samenständen, die den ganzen Winter halten und attraktive Skulpturen bilden. Das lateinische *Astra* bedeutet „Stern" und spielt auf die sternfömigen Blüten an.

Mehrjährig
Wuchshöhe 60 cm
1 pro Topf
Blüht von Spätfrühling bis Frühherbst

2

Briza media
Herz-Zittergras

Hellgrüne Blätter und große Blütenspelzen, die wie ein Bienenschwarm in der Luft hängen. Die eigentlichen Blütchen sind weiß. Sommergrün.

Gras
Wuchshöhe 50 cm
1 pro Topf
Blüht von Spätfrühling bis Hochsommer

3

Dianthus carthusianorum
Karthäuser-Nelke

Kleine, intensiv purpurrote Blüten auf dünnen Stängeln. Leichter Duft. Blüht ewig lange.

Mehrjährig
Wuchshöhe 50 cm
1 pro Topf
Blüht von Frühsommer bis Frühherbst

4

Liatris spicata 'Kobold'
Ährige Prachtscharte

Neonlila gefärbte koboldstrubbelige Blüten auf geraden Stängeln. Attraktive Winter-Samenstände.

Mehrjährig
Wuchshöhe 50 cm
1 pro Topf
Blüht von Frühsommer bis Spätsommer

5

Stipa tenuissima
Zartes Federgras

Niedriges, horstbildendes, sommergrünes Gras mit filigranen grünen Blättern. Fedrig-büschelige Samenstände ab Herbst.

Gras
Wuchshöhe 40 cm
2 pro Topf
Blüht von Frühsommer bis Frühherbst

Beliebt bei ...

Hummeln
Solitärbienen
Honigbienen
Schwebfliegen
Schmetterlingen
Marienkäfern
überwinternden Florfliegenlarven

Ein Behälter, mit Überlegung bepflanzt, ist eine gute Idee, wenn der Platz begrenzt ist. Nadelstiche von intensiver Farbe, nämlich die blühenden Spitzen des Eisenkrauts 'Bampton', werden von den warmen Farbtönen des Oregano und den großen lila Blüten der Stauden-Lobelie 'Tania' aufgegriffen. Die Rote Segge liefert einen guten Hintergrund für die farbigeren Pflanzen. Und die breite Wanne ermuntert die Gewächse sich zu mischen und bietet tiefes Erdreich. Pflanzen in Behältern sind auf die Gärtner angewiesen, die ihnen Wasser bringen – ein großer Kübel ist da nachsichtiger als mehrere kleine, falls man es doch vergisst.

So geht's

1 Einen ziemlich großen Behälter mit Löchern im Boden aussuchen. Falls er noch keine hat, bohrt man welche. Diese ausladende, mit Grünspan bedeckte Wanne passt gut zu den kalkigeren Farbtönen der Pflanzen.

2 Den Behälter dort aufstellen, wo er letztlich stehen soll. Wenn er erst einmal mit Erde befüllt und bepflanzt ist, kann man ihn nur noch schwer bewegen.

3 Auf jedes Bodenloch ein Steinchen legen, damit die Erde drinbleibt. Dann den Kübel mit torffreier Universalerde füllen und zwischen Erdoberfläche und oberem Kübelrand einen guten Zentimeter Platz zum Gießen lassen.

4 Alle Pflanzen hier wachsen innerhalb einer Saison zu stattlicher Größe. Deswegen fängt man mit den kleinsten an, die man finden kann. Zuerst wird als Grundnote die Rote Segge gepflanzt. Dazu aus dem Topf klopfen und mit den Fingerspitzen einige Wurzeln aus dem Ballen herauslockern. Eine Grube ausheben und das Gras so tief einpflanzen, wie es im Topf stand. Mit den Händen gut andrücken.

5 Das Ganze mit dem Purpurblättrigen Eisenkraut 'Bampton' und der Stauden-Lobelie 'Tania' so wiederholen, dass die Pflanzen auch miteinander verwachsen können.

6 Die niedrigeren Pflanzen, also Oregano und Thymian, kommen nach vorne, wo sie die Kante des Kübels verschwimmen lassen. Mit zusätzlicher Erde die Lücken zwischen den Pflanzen füllen, dann alles gründlich wässern.

Bemerkung: Das gedämpfte Rosa der Eisenkrautblüten leuchtet im Abendlicht.

Die fünf Pflanzen

1

Rote Segge
Carex testacea

2

Stauden-Lobelie
Lobelia × speciosa
'Tania'

3

Oregano
Origanum vulgare

4

Thymian
Thymus vulgaris

5

Purpurblättriges Eisenkraut
Verbena officinalis var. *grandiflora*
'Bampton'

3

Origanum vulgare
Oregano,
Echter Dost

Helle Schirmrispen mit pflaumenfarbig überhauchten Blütchen. Zerriebene Blätter riechen würzig nach Heu und Menthol.

Mehrjährig
Wuchshöhe 60 cm
1 pro Topf
Blüht von Frühsommer bis Frühherbst

2

Lobelia × speciosa 'Tania'
Stauden-Lobelie

Hohe Blütenkerzen leuchten im Tageslicht auf dunklen Stängeln. Die Blüten öffnen sich nacheinander von unten nach oben und bieten Bestäubern viele Besuchsmöglichkeiten.

Staude
Wuchshöhe 90 cm
1 pro Topf
Blüht von Frühsommer bis Frühherbst

1

Carex testacea
Rote Segge

Leicht wachsige, olivgrüne bis braunrote Segge, kleine rote Blüten, schwarze Samenrispen.

Mehrjährig
Wuchshöhe 45 cm
1 pro Topf
Blüht von Hochsommer bis Spätsommer, aber normalerweise als Blattschmuck angepflanzt. Braucht bei Minustemperaturen dicken Winterschutz! Verträgt keinen Frost.

4

Thymus vulgaris
Echter Thymian

Essbares Würzkraut mit grünen Blättern und rosa Blütchen.

Mehrjährig
Wuchshöhe 20 cm
2 pro Topf
Blüht von Spätfrühling bis Hochsommer

5

Verbena officinalis var. *grandiflora* 'Bampton'
Purpurblättriges Eisenkraut

Rosafarbene Trompetenblütchen an den Spitzen bogiger Stängel. Die Blätter sind gezackt und pflaumenfarbig überhaucht.

Mehrjährig
Wuchshöhe 1 m
1 pro Topf
Blüht von Frühsommer bis Vollherbst

Beliebt bei ...

Hummeln
Solitärbienen
Honigbienen
Wollschwebern
Schwebfliegen
Schmetterlingen
Nachtfaltern
Marienkäfern

Katy Merrington ist die Kulturgärtnerin des Hepworth Wakefield Garden in West-Yorkshire in England. Dieser öffentliche Garten ist 24 Stunden täglich und 365 Tage im Jahr geöffnet. Die Leitidee bei seiner Gestaltung (durch Tom Stuart-Smith) ist, dass unsere Naturverbundenheit mit der Vielfalt steigt – deswegen ist die Bepflanzung so gestaltet, dass sie sich im Lauf des Jahres ständig entwickelt. Ein Garten, der das ganze Jahr über funktioniert, ist vor allem auf kleinem Raum wichtig, wo man die Pflanzen jeden Tag sieht, und auch im Winter durch die Fenster.

In diesem Pflanzplan vereinen sich eigenwillige Linien und farbige Blüten! Die von oben nach unten erscheinenden Blüten der Prärie-Prachtscharte *(Liatris pycnostachya)*, mit den igeligen, schön strukturierten Flachdolden der Gold-Garbe (*Achillea filipendulina* 'Gold Plate'), dem lebhaft farbigen Blumen-Dost (*Origanum laevigatum* 'Herrenhausen') und den Blüten der Blauraute (*Perovskia atriplicifolia* 'Blue Spire') werden zu einem Kaleidoskop der Farben. Auch im Winter ist Schönheit in Formen und Konturen zu sehen, weil die Samenstände die Gestalten der Blüten nochmals aufgreifen.

So geht's

1 Mit einem Spaten den Boden umgraben und dabei die Erdklumpen schön krümelig aufbrechen.

2 Alle Pflanzen zusammentragen.

3 Die noch eingetopften Pflanzen auf dem Boden aufstellen, pro Pflanzenart in Gruppen. Neuanpflanzungen sehen am Anfang etwas spärlich aus, trotzdem sollte zwischen den Pflanzen immer etwas Platz bleiben, damit sie sich beim Wachsen zusammenfinden können.

4 Nacheinander die Pflanzen aus den Töpfen klopfen und mit den Fingerspitzen vorsichtig einige der Wurzeln befreien. Für jede Pflanze ein Loch in der gleichen Tiefe graben wie im Topf, die Pflanze hineinsetzen und die Erde mit den Händen gefühlvoll andrücken.

5 Die ganze Anpflanzung sorgfältig angießen.

Bemerkung: Erst wenn sich im Frühjahr frische grüne Triebe aus der Erde schieben, werden alle Pflanzen mit der Gartenschere auf Bodenniveau zurückgeschnitten und können nun den Blühzyklus neu beginnen.

Die fünf Pflanzen

1

Gold-Garbe
Achillea filipendulina
'Gold Plate'

2

Yuccablättriger Mannstreu
Eryngium yuccifolium

3

Prärie-Prachtscharte
Liatris pycnostachya

4

Blumen-Dost
Origanum laevigatum
'Herrenhausen'

5

Blauraute
Perovskia atriplicifolia
'Blue Spire'

1

Achillea filipendulina 'Gold Plate'
Gold-Garbe

Goldgelbe flache Blütendolden über fedrigem Blattwerk. Die Samenstände bleiben als Winterskulpturen stehen.

Mehrjährig
Wuchshöhe 80 cm
3 pro m²
Blüht von Frühsommer bis Spätsommer

2

Eryngium yuccifolium
Yuccablättriger Mannstreu

Distelblüten und scharf gezähnte und gezackte grüne Blätter. Attraktive Samenstände für den Winter.

Mehrjährig
Wuchshöhe 1,20 m
3 pro m²
Blüht von Frühsommer bis Spätsommer

3

Liatris pycnostachya
Prärie-Prachtscharte

Neonlila gefärbte Blüten und skurril geformte Blätter auf geraden Stängeln. Attraktive Winter-Samenstände.

Mehrjährig
Wuchshöhe 1,50 m
4 pro m²
Blüht von Frühsommer bis Spätsommer

4

Origanum laevigatum
'Herrenhausen'
Blumen-Dost

Helle Schirmrispen mit pflaumenfarbig überhauchten Blütchen. Zerriebene Blätter riechen würzig nach Heu und Menthol.

Mehrjährig
Wuchshöhe 60 cm
4 pro m^2
Blüht von Frühsommer bis Frühherbst

5

Perovskia atriplicifolia 'Blue Spire'
Blauraute

Samtige blaue Knospen, winzige trompetenförmige Blütchen an hellgrünen Halmen. Warmer, würziger Geruch.

Mehrjährig
Wuchshöhe 1 m
1 pro m^2
Blüht von Hochsommer bis Vollherbst

Beliebt bei ...

Hummeln
Solitärbienen
Honigbienen
Schwebfliegen
Schmetterlingen
Marienkäfern
überwinternden Florfliegenlarven

Dieser faszinierende Garten von Mary Keen ist beseelt von den Erfahrungen eines ganzen Lebens vom Anbauen und Beobachten von Pflanzen. Ihr Salbei hat das stählernste Blau, ihre Dahlien leuchten am stärksten. Sorgfältig wurde von jeder Pflanzenart die beste ausgesucht. Hier bildet die leuchtstarke Stockrose 'Giant Single Mixed' die oberste Blütenetage, gefolgt vom Weißen Berufkraut, einer rasch und üppig Margeriten-ähnlich blühenden Staude, die gut zwischen anderen robusten Stauden steht. Dieses Pflanzschema erfordert etwas Planung, weil diese Stockrose am besten aus Samen gezogen wird, wenn man keinen Wert auf die schmutzigeren Farbtöne legt. Dazu in eine Schale mit Anzuchterde aussäen und die Keimlinge mit den dunkelsten Stängeln auswählen – sie werden in den reinsten und schönsten Farben blühen.

So geht's

1 Ein Samentütchen der Stockrose 'Giant Single Mixed' im Frühling oder Herbst aussäen. Herbstaussaat und Frühjahrspflanzung (nach den letzten Frösten) ergibt frühere Blüten und größere Pflanzen.

2 Eine Anzuchtschale mit Anzuchterde füllen und die Erde mit den Händen etwas festdrücken. Die Erde angießen und die Samen mit gutem Abstand auf die Oberfläche säen. Sie müssen nicht mit Erde abgedeckt werden. Die Schale an einen warmen Platz stellen, vielleicht eine sonnige Fensterbank. Die Erde feucht halten. Die Samen keimen innerhalb von sieben bis zehn Tagen.

3 Sobald die ersten pflanzentypischen Blätter erscheinen, können die Keimlinge mit den dunkelsten Stängeln in Einzeltöpfe umziehen. Die empfindlichen Stängel hält man dazu an einem Blatt und stützt die Wurzeln. Die Pflänzchen wachsen dann auf der Fensterbank und warten dort auf einen guten Pflanztermin.

4 Im Frühjahr mit einem Spaten den Boden umgraben und Erdklumpen krümelig aufbrechen. Den Anfang machen die Dahlien 'Karma Fuchsiana' und 'Winston Churchill' in ziemlich weitem Abstand, weil Dahlien kräftige Pflanzen werden. Der Mexikanische Salbei kommt einzeln und gelegentlich zu zweit zwischen die Dahlien, ebenso die Stockrosen.

5 Zufrieden mit allem? Dann die Pflanzen aus ihren Töpfen klopfen und jeweils einige Wurzeln entwirren. Für jede Pflanze ein Loch graben, so tief einsetzen wie vorher im Topf, und die Erde mit den Händen sanft andrücken.

6 Mit dem Weißen Berufkraut die Lücken zwischen den anderen Pflanzen auffüllen. Alles gründlich angießen.

Die fünf Pflanzen

1

Stockrose
Alcea rosea
'Giant Single Mixed'

2

Dahlie
Dahlia
'Karma Fuchsiana'

3

Seerosen-Dahlie
Dahlia 'Winston Churchill'

4

Weißes Berufkraut
Erigeron annuus

5

Mexikanischer Salbei
Salvia patens
'Giant Form'

1

Alcea rosea 'Giant Single Mixed'
Stockrose

Hohe Blütenkerzen in Pflaume, Karminrot und Rosa.

Zweijährig
Wuchshöhe 2 m
1 pro m²
Blüht von Frühsommer bis Frühherbst

2

Dahlia 'Karma Fuchsiana'
Dahlie

Dekorative Dahlie mit Blüten in warmem Pink mit leuchtend zitronengelber Mitte. Eine nützliche Dahlie für Bestäuber wegen der ungefüllten Blüten.

Mehrjährig
Wuchshöhe 90 cm
1 pro m²
Blüht von Hochsommer bis Frühherbst

3

Dahlia 'Winston Churchill'
Seerosen-Dahlie

Eine recht kleinblütige Dahlie aus der Klasse Seerosen-Dahlien mit pinkfarbenen Blüten.

Mehrjährig
Wuchshöhe 1,10 m
1 pro m²
Blüht von Hochsommer bis Frühherbst

Bemerkung: Wenn die verblühten Köpfe der Dahlien abgeschnitten werden, regt das die Bildung neuer Blüten an.

5

Salvia patens 'Giant Form'
Mexikanischer Salbei

Ein hoher Salbei mit filzigen Blättern und leuchtend blauen Blüten. Bedingt winterhart.

Mehrjährig
Wuchshöhe 1 m
2 pro m^2
Blüht von Hochsommer bis Vollherbst

4

Erigeron annuus
Weißes Berufkraut

Die weißen Blüten mit glänzend gelber Mitte ähneln Margeriten. Meist nur einjährig, sät sich aber ziemlich verlässlich selbst aus.

Kurzlebige Staude
Wuchshöhe 1 m
3 pro m^2
Blüht von Hochsommer bis Frühwinter

Beliebt bei ...

Hummeln
Solitärbienen
Schwebfliegen
Honigbienen
Schmetterlingen
Nachtfaltern
Marienkäfern
überwinternden Florfliegenlarven

Inspiriert vom farbenfrohen und abenteuerlichen Garten *Hunting Brook* des Pflanzen-Menschen Jimi Blake bei Dublin (Irland), wirken in diesem strukturbetonten Design Pflanzen mit ähnlichen Formen zusammen. Die gleich hohen Blütenkerzen der Asiatischen Duftnessel 'Liquorice Blue' und Katzenminze 'Walker's Low' werden von den leuchtenden Ähren der Stauden-Lobelie 'Tania' noch unterstrichen. Die dichten runden Blütenköpfe der Strohblume 'Dragon Fire' bilden den passenden Kontrast in tiefem Pflaumenblau. Nur wenige Pflanzen und wiederkehrende, ansprechende Formen zu verwenden, ist hoch aktuell und erzielt in kleinen Gärten tolle Effekte.

So geht's

1 Den Boden mit einem Spaten umgraben und Erdklumpen krümelig aufbrechen.

2 Alle Pflanzen zusammenholen.

3 Mit Katzenminze 'Walker's Low', Duftnessel 'Liquorice Blue' und Leinkraut 'Alba' anfangen und alle, noch eingetopft, locker mosaikartig auf dem Boden aufstellen.

4 In unregelmäßigen Abständen hier und da eine Stauden-Lobelie 'Tania' zwischen die Katzenminze, Duftnessel und das Leinkraut einstreuen.

5 Als Nächstes kommt die Garten-Strohblume 'Dragon Fire' auch in unregelmäßigen Abständen ins Beet. Insgesamt geht es weniger um exakte Positionen als darum, wie das Ganze aussieht, wenn die Pflanzen größer sind – das Ziel ist ein Auf und Ab ebenso wie Wiederholungen.

6 Nacheinander die Pflanzen aus den Töpfen klopfen und mit den Fingerspitzen vorsichtig einige der Wurzeln befreien. Für jede Pflanze ein Loch in der gleichen Tiefe graben wie im Topf. Die Pflanze in das Loch setzen und die Erde mit den Händen sanft andrücken.

7 Alle Pflanzen gründlich wässern.

Bemerkung: Duftnessel 'Liquorice Blue' und Strohblume 'Dragon Fire' punkten beide mit attraktiven Samenständen für den Winter.

Die fünf Pflanzen

1

Asiatische Duftnessel
Agastache rugosa
'Liquorice Blue'

2

Leinkraut
Linaria vulgaris
'Alba'

3

Stauden-Lobelie
Lobelia × speciosa
'Tania'

4

Katzenminze
Nepeta × faassenii
'Walker's Low'

5

Garten-Strohblume
Xerochrysum bracteatum
'Dragon Fire'

1

Agastache rugosa 'Liquorice Blue'
Asiatische Duftnessel

Kompakte Ähren mit lila Blütchen an aufrechten Stängeln. Zerriebene Blätter riechen nach Anis und Minze. Agastache bietet pfeilförmige Samenstände für den Winter.

Mehrjährig
Wuchshöhe 90 cm
3 pro m^2
Blüht von Hochsommer bis Vollherbst

2

Linaria vulgaris 'Alba'
Leinkraut

Zahlreiche weiße Löwenmäulchen-Blütchen an leicht gekrümmten Stängeln. Die Einjährige lässt sich gut aus Samen ziehen.

Einjährig
Wuchshöhe 90 cm
2 pro m^2
Blüht von Frühsommer bis Frühherbst

3

Lobelia × speciosa 'Tania'
Stauden-Lobelie

Neonfarbige Blüten in dunkelstängligen Ähren. Die Blüten öffnen sich von unten nach oben; gut für Bestäuber. Winterschutz ratsam.

Kurzlebige Staude
Wuchshöhe 90 cm
1 pro m^2
Blüht von Frühsommer bis Frühherbst

4

Nepeta × faassenii 'Walker's Low'
Katzenminze

Die Trompetenblütchen an den räkelnden Stängeln wirken wie ein pointillistisches Gemälde. Die Katzenminze ist ziemlich locker drauf und hat mit gelegentlichen Flip-Flops oder Gummistiefeln kein Problem, wenn sie sich aufs Gras fläzt. Sie duftet würzig nach Zitrone.

Mehrjährig
Wuchshöhe 60 cm
3 pro m²
Blüht von Frühsommer bis Vollherbst

5

Xerochrysum bracteatum 'Dragon Fire'
Garten-Strohblume

Pflaumenfarbige papierige Blüten mit einer Halskrause aus Tragblättern. Die Blüten halten monatelang.

Einjährig
Wuchshöhe 1,20 m
2 pro m²
Blüht vom Hochsommer bis zu den ersten Frösten

Beliebt bei …

Hummeln
Solitärbienen (einschließlich der Großen Wollbiene)
Honigbienen
Schwebfliegen
Schmetterlingen
überwinternden Marienkäfern und Florfliegenlarven

Dieser Vorschlag in Radicchio, Blau und Pink stammt aus dem Garten der Schäferin June Blake. Ihr kleiner, aber druckbepflanzter Garten ist ein andauerndes Farbexperiment. Die fast schwarze Silberkerze 'James Compton' passt hier zu einer ausgelassenen Einjährigen, der Roten Gartenmelde. Das Ganze ist von Pflanzen durchzogen, die vor dem Hintergrund der dunklen Blätter und Stängel besonders gut wirken. Einjährige sind eine nützliche Ergänzung in jedem Garten. Sie blühen laufend und rasch und können in großer Anzahl und mit geringen Kosten aus Samen gezogen werden. Die meisten Samentütchen empfehlen Frühjahrsaussaat, aber aus Herbstsaat und Frühjahrsverpflanzung erzielt man frühere Blüte bei stärkeren Pflanzen. Kaufen als Jungpflanzen ist auch eine Option.

So geht's

1 Samen von Roter Gartenmelde und Schmuckkörbchen 'Xsenia' organisieren. Kleine Töpfe mit Anzuchterde füllen und dabei zum oberen Topfrand hin einen guten Zentimeter Platz zum Gießen lassen.

2 Jeden Topf kurz und kräftig auf dem Pflanztisch aufklopfen, damit die Erde sich setzt und die Oberfläche eben wird. 5–10 Samen pro Topf gleichmäßig verteilen, sodass später bei den Keimlingen kein Gedränge herrscht. Die Samen offen liegen lassen und sanft angießen. Die Töpfe beschriften und auf ein Fensterbrett stellen. Die Erde feucht halten – nach zwei bis drei Wochen sollten Keimspitzen erscheinen.

3 Sobald die pflanzentypischen Blätter erscheinen, also die „echten" Blätter nach den allerersten Keimblättern, wird in Einzeltöpfe umgesetzt. Damit die empfindlichen Stängel keinen Schaden nehmen, hält man die Sämlinge an einem Blatt und stützt die Wurzeln. Die Einzeltöpfe warten dann auf der Fensterbank auf einen guten Pflanztermin.

4 **Im Frühjahr** mit einem Spaten den Boden umgraben und Erdklumpen krümelig aufbrechen. Zuerst die eingetopften Silberkerzen 'James Compton' aufstellen, dann die Roten Gartenmelden einzeln oder zu zweit in unregelmäßigem Muster dazu. Die Kleinen Mannstreu zwischen den Silberkerzen und Melden einstreuen, dann die Schmuckkörbchen. Salbei 'Trewithen Cerise' kommt zuletzt.

5 Die Pflanzen aus den Töpfen klopfen und mit den Fingerspitzen vorsichtig einige Wurzeln lockern. Für jede Pflanze ein Loch in der gleichen Tiefe graben wie im Topf, einsetzen und die Erde mit den Händen andrücken. Alles gründlich angießen.

Die fünf Pflanzen

1

Silberkerze
Actaea simplex
Atropurpurea-Gruppe
'James Compton'

2

Rote Gartenmelde
Atriplex hortensis
var. *rubra*

3

Schmuckkörbchen
Cosmos bipinnatus
'Xsenia'

4

Kleiner Mannstreu
Eryngium planum

5

Kleinblättriger
Salbei
Salvia
'Trewithen Cerise'

1

Actaea simplex Atropurpurea-Gruppe 'James Compton'
Silberkerze

Hohe Stängel mit grün-dunklen Blättern und weiße Flaschenbürsten-Blüten in Ährenkerzen, die als Winterskulpturen stehen bleiben.

Mehrjährig
Wuchshöhe 1,50 m
1 pro m^2
Blüht von Frühherbst bis Vollherbst

2

Atriplex hortensis var. *rubra*
Rote Gartenmelde

Purpurrote Blätter und rote, samtige Blüten. Leicht aus Samen zu ziehen.

Einjährig
Wuchshöhe 1,20 m
2 pro m^2
Blüht von Hochsommer bis Spätherbst, aber normalerweise als Blattschmuck angepflanzt

3

Cosmos bipinnatus 'Xsenia'
Schmuckkörbchen

Hohe Einjährige mit margeritenähnlichen Blüten mit gelber Mitte. Steht wegen der zarten Blätter gut in enger Gesellschaft. Auch leicht aus Samen zu ziehen.

Einjährig
Wuchshöhe 1,80 m
2 pro m^2
Blüht von Hochsommer bis Spätsommer

4

Eryngium planum
Kleiner Mannstreu

Stahlblaue, fingerhutförmige Distelblüten auf Tragblättern und scharf gezähnte, geschlitzte Blätter. Nützlich für Bestäuber wie Hummeln.

Mehrjährig
Wuchshöhe 70 cm
2 pro m²
Blüht von Frühsommer bis Spätsommer

5

Salvia 'Trewithen Cerise'
Kleinblättriger Salbei

Aufragende dunkle Stängel tragen pinkfarbene Blüten voller Pollen und Nektar. Verträgt Frost bis –6 °C.

Mehrjährig
Wuchshöhe 60 cm
2 pro m²
Blüht von Frühsommer bis Vollherbst

Beliebt bei …

Hummeln
Solitärbienen
Honigbienen
Schwebfliegen
Schmetterlingen
überwinternden Marienkäfern und Florfliegenlarven

Dieser rot-rost-braune Topf wirkt auf dem Boden wie ein Erdhaufen. Mit Form, Farbe und Gewicht hat er mich inspiriert, ihn aus dem Stegreif zu begrünen – die Art von Zufallsbepflanzung, die ich am Fuße von Gartentorpfosten sehe, wenn ich morgens mit dem Hund rausgehe. Die Pracht-Nelke *(Dianthus superbus)* sieht immer wunderbar zusammengestückelt aus und ihre Rosatöne finden hier in der Farbe vom Wilden Knoblauch *(Tulbaghia violacea)*, auch Kaplilie genannt, ihr Echo. Das Zarte Federgras *(Stipa tenuissima)* liefert den Hintergrund, und die Blütenpflanzen der Zusammenstellung haben blattlose Stängel, so dass man sie dicht setzen kann. Der Scharfe Hahnenfuß *(Ranunculus acris)* setzt als belebendes Element fröhliche Punkte in leuchtendstem Gelb in das Ganze.

So geht's

1 Alle Pflanzen an einer Stelle zusammentragen.

2 Einen Kübel aussuchen, der breiter ist als hoch und idealerweise aus einem Naturmaterial besteht. Keine der Pflanzen hier braucht viel Wurzelraum. Einige Löcher in den Boden bohren für den Wasserabfluss, falls noch keine drin sind.

3 Jedes Bodenloch mit einem Steinchen abdecken und eine großzügige Lage Gartensplitt einschütten.

4 Den Kübel mit torffreier Universalerde füllen und nach oben zum Topfrand hin einen guten Zentimeter Platz lassen zum Gießen.

5 Das Federgras wird zuerst eingesetzt, um den Grundton vorzugeben. Die Pflanzen aus ihren Töpfen klopfen und einige Wurzeln mit den Fingerspitzen lockern. In die Erde Löcher graben, die Gräser in gleichmäßigem Abstand so tief einsetzen wie vorher im Topf und mit den Händen sanft eindrücken.

6 Pracht-Nelke und Wilder Knoblauch werden als Nächste von unten aus ihren Töpfen gedrückt. Einige Wurzeln lockern und die Pflanzen nahe der Gräser in den Boden bringen.

7 Nun den Hahnenfuß so einarbeiten, dass er seine langen Triebe zwischen den anderen Pflanzen hindurchweben wird. Und zum Schluss kommt das Spanische Gänseblümchen an die Ränder des Kübels.

8 Irgendwelche Lücken zwischen den Pflanzen stopft man mit den Fingern mit Erde aus. Gründlich angießen.

Die fünf Pflanzen

1

Pracht-Nelke
Dianthus superbus

2

Spanisches Gänseblümchen
Erigeron karvinskianus

3

Scharfer Hahnenfuß
Ranunculus acris

4

Zartes Federgras
Stipa tenuissima

5

Wilder Knoblauch
Tulbaghia violacea

1

Dianthus superbus
Pracht-Nelke

Fransige rosa Blütenblätter mit etwas dunklerer Mitte mit Grün darin, und schmale graugrüne Blätter. Mit leichtem Duft.

Mehrjährig
Wuchshöhe 40 cm
2 pro Topf
Blüht von Spätfrühling bis Spätsommer

2

Erigeron karvinskianus
Spanisches Gänseblümchen

Feste grüne Knospen und feinstrahlige Blüten, sehr ähnlich dem gewöhnlichen Gänseblümchen. Säen sich fleißig selbst aus.

Mehrjährig
Wuchshöhe 20 cm
2 pro Topf
Blüht von Spätfrühling bis Vollherbst

3

Ranunculus acris
Scharfer Hahnenfuß

Hohe grazile „Butterblume" auf einem überdurchschnittlich langen Halm.

Mehrjährig
Wuchshöhe 80 cm
2 pro Topf
Blüht von Frühsommer bis Spätsommer

4

Stipa tenuissima
Zartes Federgras

Ein kurzes, sommergrünes Gras mit sehr filigranen grünen Blättern. Fedrig-büschelige Samenstände ab Herbst.

Gras
Wuchshöhe 40 cm
2 pro Topf
Blüht von Frühsommer bis Frühherbst

5

Tulbaghia violacea
Wilder Knoblauch

Blassviolette Dolden mit trompetenähnlichen Blütchen. Blüht enorm lange und nützt tag- und nachtaktiven Bestäubern. Verträgt keinen Frost.

Mehrjährig
Wuchshöhe 50 cm
2 pro Topf
Blüht von Frühsommer bis Frühherbst

Beliebt bei …

Hummeln
Solitärbienen
Honigbienen
Schwebfliegen
Schmetterlingen
Nachtfaltern
Schildwanzen
Marienkäfern
überwinternden Florfliegenlarven

Satte Farben kommen im Herbst, wenn die Sonne immer tiefer am Himmel steht, voll zur Geltung. Ich mag die warmen Farbtöne des zweifarbigen Fingerhuts, *Digiplexis* 'Falcon Fire', ohnehin. Bei dieser Beetidee sind sie mit weiteren Blüten in gedeckten satten Farben kombiniert. Die dunkle, samtige Schokoladenblume *(Cosmos atrosanguineus)* blüht von Frühsommer bis Frühherbst und verwebt ihre schlanken Stängel ganz unaufgeregt mit denen der Nachbarpflanzen. Das Gras *Panicum virgatum* 'Rehbraun', die Rotbraune Rutenhirse, steuert mit ihren verzweigten Rispen winziger pflaumenfarbiger Blütchen zusätzliche, in die Höhe weisende Fülle und Struktur bei.

So geht's

1 Mit einem Spaten den Boden umgraben und dabei die Erdklumpen aufbrechen, bis die Erde locker und krümelig ist.

2 Alle Pflanzen an einem Ort bereitstellen.

3 Die Pflanzen, noch in ihren Töpfen und nach Pflanzenart gruppiert, auf dem Boden probeweise aufstellen. Neuanpflanzungen sehen am Anfang immer etwas spärlich aus – um so wichtiger ist es, etwas Raum zwischen den Pflanzen zu lassen, damit sie Platz zum Wachsen haben und sich zusammenfinden können.

4 Nacheinander die Pflanzen aus den Töpfen klopfen und mit den Fingerspitzen vorsichtig einige der Wurzeln aus den Wurzelballen lockern und befreien. Für jede Pflanze ein Loch in der gleichen Tiefe graben wie im Topf, die Pflanze in das Loch einsetzen, an den Rändern Erde einfüllen und alles mit den Händen sanft und sorgfältig andrücken.

5 Alle Pflanzen gründlich angießen.

Die fünf Pflanzen

1

Schokoladenblume
Cosmos atrosanguineus

2

Fingerhut
Digiplexis
'Falcon Fire'

3

Sonnenbraut
Helenium
'Kleine Aprikose'

4

Rotbraune Rutenhirse
Panicum virgatum
'Rehbraun'

5

Schwachfilziger Sonnenhut
Rudbeckia subtomentosa
'Henry Eilers'

1

Cosmos atrosanguineus
Schokoladenblume, Schokoladen-Kosmee

Kleine, samtige dunkelbraune Blüten an langen Stängeln. Deutlicher Schokoladenduft. Bei uns nicht winterhart, Überwintern wie bei Dahlien möglich.

Mehrjährig
Wuchshöhe 40 cm
3 pro m²
Blüht von Frühsommer bis Frühherbst

2

Digiplexis
'Falcon Fire'
Fingerhut

Aus dunklem Blattwerk ragen Blütenkerzen voller röhrenförmiger Blüten. Diese Verwandtschaft des Fingerhuts blüht viel länger und profitiert vom Mikroklima im eingefriedeten Stadtgarten.

Mehrjährig
Wuchshöhe 90 cm
1 pro m²
Blüht von Frühsommer bis Spätherbst

3

Helenium 'Kleine Aprikose'
Sonnenbraut

Kupferig-gelbe margeritenähnliche Blüten mit runden Pudelmützen-Mitten. Die Pudelmützen bleiben als schwarze Winterskulpturen stehen.

Mehrjährig
Wuchshöhe 70 cm
1 pro m²
Blüht von Spätsommer bis Vollherbst

4

Panicum virgatum 'Rehbraun'
Rotbraune Rutenhirse

Ein horstbildendes, wintergrünes Gras mit riemenförmigen Blättern und lockeren Blüten auf ultradünnen Halmen. Skulpturenbildner für den Winter.

Gras
Wuchshöhe 1,20 m
1 pro m^2
Blüht von Spätsommer bis Frühherbst

5

Rudbeckia subtomentosa
'Henry Eilers'
Schwachfilziger Sonnenhut

Etwas an Margeriten erinnernde Blüten mit schmalen gelben Blütenblättern und braunen Mitten. Schöne Samenstände für den Winter.

Mehrjährig
Wuchshöhe 1,20 m
1 pro m^2
Blüht von Spätsommer bis Vollherbst

Beliebt bei ...

Hummeln
Solitärbienen
Honigbienen
Schwebfliegen
Schmetterlingen
Marienkäfern
überwinternden Florfliegenlarven

Blaue Blüten ziehen mich besonders an, und so ist dieses Design vom Tintenblau des Blütensalbei 'Amistad' inspiriert. Diese bei Gartengestaltern beliebte Pflanze steht hier in Kombination mit der himmelblauen Duftnessel 'Blue Boa' *(Agastache)* und dem Scheinsonnenhut 'White Swan' *(Echinacea purpurea)* mit seinen milchweißen Blütensternen.

Der Blütensalbei blüht sechs Monate lang durchgängig. Wenn seine Blütezeit vorbei ist, tragen seine dunkelblauen Kelche die tiefe und dunkle Stimmung weiter.

So geht's

1 Den Boden mit einem Spaten umgraben und die Erdklumpen gut aufbrechen, damit die Erde locker-krümelig wird.

2 Die Pflanzen, pro Art gruppiert, probeweise auf dem Boden aufstellen. Dazu sollen sie noch in ihren Töpfen bleiben. Solche Neuanpflanzungen wirken am Anfang immer etwas spärlich. Deswegen ist es besonders wichtig, etwas Raum zwischen den Pflanzen zu lassen, der ihnen Platz zum Wachsen bietet. So können sie sich dann auch ganz natürlich zusammenfinden.

3 Alles sieht gut aus? Dann jetzt nacheinander die Pflanzen aus den Töpfen klopfen. Dabei vorsichtig einige der Wurzeln aus den Wurzelballen lockern und befreien – mit den Fingerspitzen geht das am besten. Für jede Pflanze ein Loch in der gleichen Tiefe graben wie im Topf, die Pflanze in das Loch einsetzen, an den Rändern Erde einfüllen und alles mit den Händen sanft und sorgfältig andrücken.

4 Zum krönenden Abschluss alle Pflanzen gründlich angießen.

Bemerkung: Erst wenn im Frühjahr frische junge Triebe aus der Erde spitzen, nimmt man die Gartenschere zur Hand und schneidet alle Pflanzen knapp über Bodenniveau zurück. Nun kann der Kreislauf des Blühens neu beginnen.

Die fünf Pflanzen

1

Duftnessel
Agastache
'Blue Boa'

2

Fasanenschwanzgras
Anemanthele lessoniana

3

Scheinsonnenhut
Echinacea purpurea
'White Swan'

4

Leuchtender Sonnenhut
Rudbeckia fulgida
var. *sullivantii*
'Goldsturm'

5

Blütensalbei
Salvia 'Amistad'

1

Agastache 'Blue Boa'
Duftnessel

Blütenkerzen voller himmelblauer, bienenblauer Blütchen. Beim Zerreiben der Blätter duftet es nach Zitrone und Lakritze. Auffällige pfeilförmige Samenstände für den Winter.

Mehrjährig
Wuchshöhe 60 cm
2 pro m²
Blüht von Hochsommer bis Vollherbst

2

Anemanthele lessoniana
Fasanenschwanzgras

Ein immergrünes Gras mit schmalen olivgrünen Blättern, die mit den kälteren Nächten Bernsteinfarben annehmen. Verträgt Frost bis –12 °C.

Gras
Wuchshöhe 1 m
3 pro m²
Blüht von Vorfrühling bis Frühherbst, aber normalerweise als Blattschmuck angepflanzt

3

Echinacea purpurea 'White Swan'
Scheinsonnenhut

Kompakte Staude mit blassen, margeritenähnlichen Blüten mit mattgelber Mitte. Attraktive Samenstände für den Winter.

Mehrjährig
Wuchshöhe 60 cm
2 pro m²
Blüht von Frühsommer bis Frühherbst

4

Rudbeckia fulgida var. *sullivantii* 'Goldsturm'
Leuchtender Sonnenhut

Leuchtend gelbe Blüten, deren schwarze Pudelmützen-Mitten über den Winter stehen bleiben.

Mehrjährig
Wuchshöhe 60 cm
1 pro m^2
Blüht von Spätsommer bis Vollherbst

5

Salvia 'Amistad'
Blütensalbei

Hohe Blütenkerzen mit tintenblauen Blüten und fast schwarzen Kelchen. Bei Gartengestaltern eine beliebte Pflanze. Verträgt Frost bis –12 °C.

Mehrjährig
Wuchshöhe 1,20 m
1 pro m^2
Blüht von Hochsommer bis Vollherbst

Beliebt bei ...

Hummeln
Solitärbienen
Honigbienen
Schwebfliegen
Florfliegen
Schmetterlingen
überwinternden Marienkäfern und Florfliegenlarven

Wilder Knoblauch

Wilder Knoblauch gehört zu meinen Lieblings-Mehrjährigen. Hier wird hoch und niedrig wachsender (*Tulbaghia violacea* und *Tulbaghia* 'Fairy Star') verwendet. Wilder Knoblauch blüht ziemlich lange, so dass er in diesem Design die Konstante inmitten einer Vielzahl sich verändernder Blüten ist. Sein grasähnliches Blattwerk wiederholt sich in der Rasen-Schmiele 'Goldtau' *(Deschampsia cespitosa)*, einem Gras mit rosa angehauchten Blüten im Frühsommer. Im Hochsommer sorgen die Blüten der Herbst-Anemone 'Wild Swan' mit ihren fliederfarbenen Rückseiten für Farbakzente. Die Silberkerze 'James Compton' wurde wegen ihres dunklen Laubs als Hintergrund ausgewählt, im Frühherbst steuert sie außerdem leuchtende Blütenrispen bei.

So geht's

1 Mit einem Spaten den Boden umgraben, bis die Erde schön krümelig ist – also auch die Erdklumpen aufbrechen.

2 Alle Pflanzen zusammensuchen und bereitstellen.

3 Den Anfang machen die hohen Pflanzen, hier die Silberkerze 'James Compton' und die Rasen-Schmiele 'Goldtau'. Diese Pflanzen, zunächst noch in ihren Töpfen, auf dem Boden aufstellen und Platzierungen ausprobieren, immer mit dem Gedanken im Hinterkopf, wie hoch die Pflanzen bis zum Herbst hin werden.

4 Von innen nach außen arbeitend den Wilden Knoblauch, *Tulbaghia violacea* und *Tulbaghia* 'Fairy Star', dazustellen.

5 Mit der Herbst-Anemone 'Wild Swan' die Lücken zwischen den Silberkerzen und der Rasen-Schmiele füllen und dabei versuchen, ein Auf und Ab zu erzielen.

6 Nacheinander die Pflanzen aus den Töpfen klopfen und mit den Fingerspitzen vorsichtig einige der Wurzeln aus den Wurzelballen befreien. Nun Löcher in die Erde graben, für jede Pflanze ebenso tief, wie sie vorher im Topf stand. Die Pflanzen einsetzen, Erde nachfüllen und mit den Händen sorgfältig andrücken.

7 Die ganze Anpflanzung gründlich angießen.

Bemerkung: Wer sich im Winter an den attraktiven Samenständen erfreuen will, darf die verwelkten Blüten natürlich nicht abschneiden.

Die fünf Pflanzen

1

Silberkerze
Actaea simplex
Atropurpurea-Gruppe
'James Compton'

2

Herbst-Anemone
Anemone
WILD SWAN
('Macane001')

3

Rasen-Schmiele
Deschampsia cespitosa
'Goldtau'

4

Wilder Knoblauch
Tulbaghia
'Fairy Star'

5

Wilder Knoblauch
Tulbaghia violacea

1

Actaea simplex Atropurpurea-Gruppe 'James Compton'
Silberkerze

Hohe Stängel mit pflaumenfarbig überhauchten Blättern und weißen Flaschenbürsten-Blüten. Die Ähren-kerzen greifen im Winter die Form der Blüten nochmals auf.

Mehrjährig
Wuchshöhe 1,50 m
2 pro m^2
Blüht von Frühherbst bis Vollherbst

2

Anemone WILD SWAN ('Macane001')
Herbst-Anemone

Perlmuttblüten balancieren auf hohen Stängeln. Lassen sich gerne von Wind und Regen durchpusten. Wattebausch-Samen-stände für den Winter.

Mehrjährig
Wuchshöhe 1–1,50 m
2 pro m^2
Blüht von Spätsommer bis Spätherbst

3

Deschampsia cespitosa 'Goldtau'
Rasen-Schmiele

Immergrünes Gras mit Schleiern winziger goldbeiger Blüten im Frühsom-mer. Die Samen-stände bleiben im Winter stehen.

Gras
Wuchshöhe 90 cm
3 pro m^2
Blüht von Frühsom-mer bis Spätsommer

4

Tulbaghia
'Fairy Star'
Wilder Knoblauch

Kleine blassrosa Blüten. Kleiner als die Art *Tulbaghia violacea,* blüht aber ebenso eifrig. Nicht frosthart.

Mehrjährig
Wuchshöhe 40 cm
2 pro m^2
Blüht von Frühsommer bis Frühherbst

5

Tulbaghia violacea
Wilder Knoblauch

Kleine blasslila Blüten fügen sich in Dolden zu „Sternbildern" zusammen. Lange blühend. Nicht frosthart.

Mehrjährig
Wuchshöhe 50 cm
2 pro m^2
Blüht von Frühsommer bis Frühherbst

Beliebt bei ...

Hummeln
Solitärbienen
Honigbienen
Schwebfliegen
Schmetterlingen
Nachtfaltern
Nestbauern als Material

Mit den Umweltveränderungen hat die allmähliche Verschiebung der Wettermuster dazu geführt, dass die Sommer heißer und trockener sind und die Winter nasser, aber nicht kälter. Deswegen überarbeiten vorausschauende Gartengestalter wie Tom Stuart-Smith nun die traditionelle Mischpalette unserer Blumengärten – Rittersporn, Pfingstrosen und andere aufgetakelte Blütenpflanzen – zu Gunsten von klimafreundlicheren Kandidaten.

Blasser Scheinsonnenhut *(Echinacea pallida)*, Amerikanische Wolfsmilch *(Euphorbia corollata)*, Prachtscharte *(Liatris spicata)* und die Distelhüte des Mannstreu *(Eryngium yuccifolium)* weisen durchaus die Blüten- und Farbpracht der traditionellen Palette auf, aber sie mögen „mageren" Boden, der die Winterfeuchtigkeit nicht speichert, und sie müssen im Hochsommer kaum gegossen werden.

So geht's

1 Mit einem Spaten den Boden umgraben und dabei die Erdklumpen aufbrechen, bis die Erde schön krümelig geworden ist.

2 Alle benötigten Pflanzen an einem Ort zusammenholen.

3 Als Erste werden Mannstreu und Wolfsmilch in Gruppen von zwei oder drei Pflanzen auf den Boden gestellt. Dazu bleiben sie noch in den Töpfen. Sie sollten so stehen, dass die zwei Arten später „die Köpfe zusammenstecken" werden.

4 Als Nächste kommen die Prärie-Astern an die Reihe und werden wie zufällig auf verschiedene Standplätze verteilt, wieder in kleinen Gruppen.

5 Schließlich werden Scheinsonnenhüte und Prachtscharte paarweise und zu dritt zwischen Wolfsmilch und Prärie-Aster platziert. Frisch bepflanzte Beete sehen anfangs immer etwas sparsam aus, aber die Pflanzen werden sich beim Wachsen miteinander verweben und den Boden bedecken.

6 Nacheinander alle Pflanzen aus ihren Töpfen klopfen und dann mithilfe der Fingerspitzen vorsichtig einige der Wurzeln befreien. In die vorher umgegrabene Erde für jede Pflanze ein Loch in der gleichen Tiefe graben wie im Topf, dort die Pflanze einsetzen und die Erde mit den Händen sanft an die Pflanze und von oben andrücken.

7 Alle Pflanzen gründlich und sorgfältig angießen.

Die fünf Pflanzen

1

Blasser Scheinsonnenhut
Echinacea pallida

2

Yuccablättriger Mannstreu
Eryngium yuccifolium

3

Amerikanische Wolfsmilch
Euphorbia corollata

4

Prachtscharte
Liatris spicata

5

Prärie-Aster
Symphyotrichum turbinellum

1

Echinacea pallida
Blasser Scheinsonnenhut

Margeritenähnliche Blüten mit schmalen Blütenblättern und dunkel orangefarbener Mitte. Attraktive Samenstände für den Winter.

Mehrjährig
Wuchshöhe 1,20 m
2 pro m²
Blüht von Hochsommer bis Spätherbst

2

Eryngium yuccifolium
Yuccablättriger Mannstreu

Graublaue Distelblüten auf stacheligen Tragblättern und scharf gezähnte und gezackte Blätter. Attraktive Samenstände für den Winter.

Mehrjährig
Wuchshöhe 1,20 m
2 pro m²
Blüht von Hochsommer bis Vollherbst

3

Euphorbia corollata
Amerikanische Wolfsmilch

Dünne verzweigte Stängel tragen an der Spitze jeweils ein zartes weißes Blütchen.

Mehrjährig
Wuchshöhe 80 cm
1 pro m²
Blüht von Hochsommer bis Frühherbst

4

Liatris spicata
Prachtscharte

Hohe, strubbelige, neonlila gefärbte Blüten. Attraktive Samenstände greifen die Form der Blüten auf und bilden Winterskulpturen.

Mehrjährig
Wuchshöhe 1 m
3 pro m^2
Blüht von Hochsommer bis Vollherbst

5

Symphyotrichum turbinellum
Prärie-Aster

Super luftige lila Blüten, die Margeriten ähnlich sehen, sind zu „Sternbildern“ gruppiert. Jede hat eine gelbe Mitte. Schwarze Stängel. Manchmal als *Aster turbinellus* geführt.

Mehrjährig
Wuchshöhe 90 cm
1 pro m^2
Blüht von Hochsommer bis Vollherbst

Beliebt bei …

Hummeln
Solitärbienen
Honigbienen
Schwebfliegen
Schmetterlingen
Marienkäfern
überwinternden Florfliegenlarven

In winzigen Gärten ist Höhe einfach alles. Das Patagonische Eisenkraut *(Verbena bonariensis)* ist eine hohe Pflanze mit kleinen violetten Blüten, die oben auf einem Gerüst aus dünnen Stängeln balancieren. Es wächst in die Höhe und braucht unten am Boden nur wenig Platz. Hier in der passenden Gesellschaft von Gräsern wie der luftigen Riesen-Rutenhirse 'Northwind' *(Panicum virgatum)* und dem Kleinen Pfeifengras 'Heidebraut' (*Molinia caerulea* subsp. *caerulea*), und dann noch mit blauvioletten Farbklecksen von Duftnessel 'Blue Fortune' *(Agastache)* kombiniert. Bei geringem Platzangebot sollte das Patagonische Eisenkraut zur Grundausstattung gehören.

So geht's

1 Den Boden mit einem Spaten umgraben und dabei die Erdklumpen aufbrechen, bis die Erde schön krümelig geworden ist.

2 Alle Pflanzen beschaffen und bereitstellen.

3 Die Pflanzen auf dem Boden probeweise aufstellen, also zunächst eingetopft lassen, und die Pflanzenarten nicht vermischen. Neuanpflanzungen sehen am Anfang immer etwas spärlich aus, und trotzdem muss man zwischen den Pflanzen etwas Platz lassen, damit sie wachsen und sich zu Pflanzengesellschaften verbinden können.

4 Nacheinander die Pflanzen aus ihren Töpfen klopfen und als Nächstes mit den Fingerspitzen einige Wurzeln so freilegen, dass sie aus dem Wurzelballen ragen. Nun für jede Pflanze im Beet ein Loch in der gleichen Tiefe graben wie im Topf. Die Pflanze einsetzen und die Erde rundum und von oben mit den Händen sanft andrücken.

5 Die Anpflanzung sorgfältig angießen.

Bemerkung: Im Frühjahr spitzen die grünen Triebe durch die Erde. Erst dann greift man zur Gartenschere und schneidet die alten Triebe knapp über dem Boden ab, damit die Pflanzen einen neuen Blühzyklus beginnen können.

Die fünf Pflanzen

1

Duftnessel
Agastache
'Blue Fortune'

2

Große Fetthenne
Hylotelephium
'Vera Jameson'

3

Kleines Pfeifengras
Molinia caerulea
subsp. *caerulea*
'Heidebraut'

4

Riesen-Rutenhirse
Panicum virgatum
'Northwind'

5

Patagonisches
Eisenkraut
Verbena bonariensis

1

Agastache 'Blue Fortune'
Duftnessel

Kompakte Ähren mit lila Blütchen, dicht an dicht an aufrechten Stängeln. Wer die Blätter zwischen den Fingerspitzen zerreibt, riecht Pfefferminze. Pfeilförmige Samenstände für den Winter.

Mehrjährig
Wuchshöhe 90 cm
1 pro m²
Blüht von Hochsommer bis Vollherbst

2

Hylotelephium 'Vera Jameson'
Große Fetthenne

Niedrig bleibendes Dickblattgewächs mit altrosa Blättern und sternförmigen kleinen Blüten.

Mehrjährig
Wuchshöhe 20 cm
2 pro m²
Blüht von Spätsommer bis Frühherbst

3

Molinia caerulea subsp. *caerulea* 'Heidebraut'
Kleines Pfeifengras

Ein robustes, aufstrebendes, nicht wintergrünes Gras. Seine Blütenähren sind violett überlaufen und werden als Winter-Samenstände goldbraun.

Gras
Wuchshöhe 1,10 m
1 pro m²
Blüht von Spätsommer bis Frühherbst

4

Panicum virgatum 'Northwind'
Riesen-Rutenhirse

Horstbildendes, wintergrünes Gras mit luftigen Blüten auf ultradünnen Halmen. Skulpturenbildner für den Winter.

Gras
Wuchshöhe 1,80 m
1 pro m²
Blüht von Spätsommer bis Frühherbst

5

Verbena bonariensis
Patagonisches Eisenkraut

Kleine blaulila Blüten an den Spitzen langer, dünner Stängel. Leicht aus Samen zu ziehen, wenn man möchte. Verträgt Frost bis –11 °C.

Mehrjährig
Wuchshöhe 2 m
3 pro m²
Blüht von Spätfrühling bis Frühherbst

Beliebt bei …

Hummeln
Solitärbienen
Honigbienen
Schwebfliegen
Schmetterlingen
Marienkäfern
überwinternden Florfliegenlarven

Dieser strukturbetonte Entwurf für einen kleinen sonnigen Garten ist von den Arbeiten des Gartengestalters Piet Oudolf inspiriert. Oudolfs Gärten sind meist Teil angesagter Designergebäude an den namhaftesten Standorten der Welt, wie dem Restaurant Noma in Kopenhagen oder dem High Line Park in New York.

Oudolf schätzt Pflanzen in jedem Stadium ihres Lebenszyklus, vom Trieb über Knospe und Blüte bis zum Fruchtstand. Um für ihn infrage zu kommen, müssen die Pflanzen im Winter genauso gut aussehen wie bei ihrem ersten Entfalten im Frühjahr. Dieses Pflanzschema kann alle Kästchen für Frühherbst abhaken – Form, Farbe und Struktur – bevor die Pflanzen sich zu stilisierten Versionen ihrer vorherigen Blüten weiterentwickeln.

So geht's

1 Den Boden mit einem Spaten umgraben und dabei die Erdklumpen aufbrechen, bis die Erde schön krümelig geworden ist.

2 Alle Pflanzen am Ort des Geschehens zusammentragen.

3 Den Anfang macht das Kleine Pfeifengras 'Poul Petersen'. Die eingetopften Pflanzen zu zweit oder zu dritt auf dem Boden aufstellen.

4 Die Silberkerzen 'Pink Spike' sollten direkt neben den Pfeifengräsern stehen, damit die Pflanzen sich beim Wachsen miteinander verhaken können.

5 Als Nächstes kommt der Große Wiesenknopf 'Red Buttons' an die Reihe, der zwischen die vorherigen gestellt wird, auch wieder zu zweit oder in kleinen Gruppen.

6 Hier und da wird zwischen den Wiesenknopf die Karthäuser-Nelke mit eingestreut, die für leuchtende Farbpunkte sorgt. Am Schluss noch den Kerzenknöterich 'Alba' dazustellen, der zwischen den höheren Pflanzen wachsen soll.

7 Nacheinander die Pflanzen aus den Töpfen klopfen und mit den Fingerspitzen vorsichtig einige der Wurzeln befreien. Vor dem Einsetzen in die Erde für jede Pflanze ein Loch in der gleichen Tiefe graben wie im Topf, dann einpflanzen und die Erde mit den Händen sorgfältig und vorsichtig andrücken.

8 Alle Pflanzen gründlich angießen.

Bemerkung: Wenn im Frühjahr die grünen Triebe aus der Erde spitzen, kommt die Gartenschere zum Einsatz: Alle Pflanzen knapp über dem Boden abschneiden, damit der neue Blühzyklus beginnen kann.

Die fünf Pflanzen

1

Silberkerze
Actaea simplex
'Pink Spike'

2

Karthäuser-Nelke
Dianthus carthusianorum

3

Kleines Pfeifengras
Molinia caerulea subsp. *caerulea*
'Poul Petersen'

4

Kerzenknöterich
Bistorta amplexicaulis
'Alba'

5

Großer Wiesenknopf
Sanguisorba officinalis
'Red Buttons'

1

Actaea simplex 'Pink Spike'
Silberkerze

Hohe Stängel mit pflaumenfarbigen Blättern und weißen Flaschenbürsten-Blüten. Die Ährenkerzen bleiben als Winterskulpturen stehen.

Mehrjährig
Wuchshöhe 1,50 m
2 pro m^2
Blüht von Frühherbst bis Vollherbst

2

Dianthus carthusianorum
Karthäuser-Nelke

Kleine, intensiv karmesinrote Blüten auf geraden dünnen Stängeln. Blüht ewig lange. Leichter Duft.

Mehrjährig
Wuchshöhe 50 cm
1 pro m^2
Blüht von Frühsommer bis Frühherbst

3

Molinia caerulea subsp. *caerulea* 'Poul Petersen'
Kleines Pfeifengras

Das robuste, nicht wintergrüne Gras stützt weniger stabile Pflanzen. Die Blütenstände sind dunkel gefärbt, bevor sie als Samenstände sandfarben werden.

Gras
Wuchshöhe 70 cm
2 pro m^2
Blüht von Spätsommer bis Spätherbst

4

Bistorta amplexicaulis 'Alba'
Kerzenknöterich

Robuste, blattreiche Staude mit hohen Ährenkerzen voller kleiner heller Blüten.

Mehrjährig
Wuchshöhe 1,20 m
1 pro m^2
Blüht von Hochsommer bis Vollherbst

5

Sanguisorba officinalis 'Red Buttons'
Großer Wiesenknopf

Flaumig wirkende, leuchtend rubinrote Knubbel auf drahtigen hohen Stängeln.

Mehrjährig
Wuchshöhe 1,20 m
3 pro m^2
Blüht von Frühsommer bis Frühherbst

Beliebt bei …

Hummeln
Solitärbienen
Honigbienen
Schwebfliegen
Schmetterlingen
Marienkäfern
überwinternden Florfliegenlarven

Hagebutten

ab September

Rosen fangen im Herbst an, ihre dunklen glänzenden Hagebuttenfrüchte zu bilden, die die kältesten Monate überdauern. Die Wildrose, *Rosa glauca,* ist eine der ersten Rosen, deren scharlachrote Hagebutten an den bogigen, zimtfarbenen Ruten hängen. In kleinen Gärten können Rosen heikel sein, weil ihre Blüten recht vergänglich sind, aber die Blaue Hechtrose *(Rosa glauca)* ist hier auch wegen ihrer früh erscheinenden Blätter nützlich, die zinnfarbig sind und einen guten Hintergrund für andere frühe Blumen bilden. Ihre ungefüllten und offenen Blüten wirken zwischen „vollgestopfteren" Blüten eher erfrischend und sind eine gute Nachricht für Bestäuberinsekten. Das herbstbraune Lampenputzergras 'Cassian' *(Pennisetum alopecuroides)* und das im Herbst kupferfarbene Laub der Dreiblattspiere *(Gillenia trifoliata)* setzen hier die Farben der Hagebutten gekonnt in Szene.

So geht's

1 Den Boden der vorgesehenen Fläche mit einem Spaten umgraben und dabei die Erdklumpen aufbrechen, bis die Erde schön krümelig ist.

2 Alle Pflanzen an der Pflanzstelle zusammentragen.

3 Es ist ganz nützlich, wenn man sich diese Zusammenstellung von Pflanzen in mehreren Etagen vorstellt. Mit der höchsten Pflanze fängt man an, das ist die Blaue Hechtrose. Die Rose aus dem Topf nehmen und vorsichtig einige Wurzeln mit den Fingerspitzen aus dem Wurzelballen lösen. Ein großzügig tiefes Loch graben, die Rose einpflanzen und das Ganze mit den Stiefeln festdrücken.

4 Dreiblattspiere und Aromatische Aster 'October Skies' bilden die Blatt- und Blüten-Etagen. Die Pflanzen aus den Töpfen klopfen und auch hier einige der Wurzeln mit den Fingerspitzen lockern, bevor sie unter den Schatten spendenden zukünftigen Blätterbogen der Rose gepflanzt werden. Die Pflanzen mit den Händen sorgfältig im Boden festdrücken.

5 Als Nächstes werden Lampenputzergras 'Cassian' und Gelbliche Goldrute 'Lemore' an den Rändern der Fläche gepflanzt, wo das Licht sie besser erreicht.

6 Alle Pflanzen gründlich wässern.

Die fünf Pflanzen

1

Dreiblattspiere
Gillenia trifolata

2

Lampenputzergras
Pennisetum alopecuroides
'Cassian's Choice'

3

Blaue Hechtrose
Rosa glauca

4

Gelbliche Goldrute
Solidago × luteus
'Lemore'

5

Aromatische Aster
Symphyotrichum oblongifolium
'October Skies'

1

Gillenia trifolata
Dreiblattspiere

Weiße sternförmige Blütchen und grünes Blattwerk mit Kupferfärbung im Herbst.

Mehrjährig
Wuchshöhe 90 cm
1 pro m^2
Blüht von Frühsommer bis Spätsommer

2

Pennisetum alopecuroides
'Cassian's Choice'
Lampenputzergras

Sommergrünes Gras mit grasartigen Blättern und antikroten Flaschenputzer-Blütenständen.

Gras
Wuchshöhe 1,20 m
2 pro m^2
Blüht von Hochsommer bis Frühherbst

3

Rosa glauca
Blaue Hechtrose

Wildrose mit ungefüllten rosa Blüten mit gelber Mitte und leuchtend scharlachroten Hagebutten. Profitiert von tiefgründigem kühlem Boden, der die Pflanze gut versorgt. Dann blüht sie zuverlässig und reichlich. Sommergrün.

Strauch
Wuchshöhe 1,80 m
1 pro m^2
Blüht von Frühsommer bis Spätsommer; Hagebutten von Frühherbst bis Hochwinter

4

Solidago ×
luteus 'Lemore'
Gelbliche Goldrute

Schmale Blätter und lockere Büschel blass zitronengelber Blüten, die Margeriten ähneln.

Mehrjährig
Wuchshöhe 60 cm
2 pro m²
Blüht von Spätsommer bis Frühherbst

5

Symphyotrichum oblongifolium
'October Skies'
Aromatische Aster

Fliederfarbene margeritenähnliche Blüten mit gelben Mitten in reichlicher Menge.

Mehrjährig
Wuchshöhe 60 cm
1 pro m²
Blüht von Spätsommer bis Frühwinter

Beliebt bei …

Hummeln
Solitärbienen
Honigbienen
Schwebfliegen
Schmetterlingen
Nachtfaltern
Vögeln
Raupen
Marienkäfern
überwinternden Marienkäfern

Eine der schönsten Eigenschaften eher unauffälliger und nicht so farbenfroher Pflanzen ist, dass sie leuchten, wenn mit der Dämmerung das Licht schwindet. Dieses Pflanzschema hier verwendet eine Palette von Grau, Grün und Weiß in verschiedenen Strukturen und Formen. Die runden, silbrigen und waagrecht ausgebreiteten Blätter des Weichen Frauenmantels *(Alchemilla mollis)* stehen im Kontrast zu den Blüten der Großen Sterndolde 'Large White' *(Astrantia major)* und den senkrecht aufstrebenden Halmen des Herbst-Kopfgrases *(Sesleria autumnalis)*. Die Eichenblatt-Hortensie *(Hydrangea quercifolia)* bringt unglaublich große Rispen leuchtender weißer Blüten hervor.

Die fünf Pflanzen

1

Weicher Frauenmantel
Alchemilla mollis

2

Große Sterndolde
Astrantia major
'Large White'

3

Eichenblatt-Hortensie
Hydrangea quercifolia

4

Weißbuntes Chinaschilf
Miscanthus sinensis
'Morning Light'

5

Herbst-Kopfgras
Sesleria autumnalis

So geht's

1 An der geplanten Stelle die Erde mit einem Spaten umgraben und dabei größere Erdklumpen schön krümelig aufbrechen.

2 Die benötigten Pflanzen an dieser Stelle zusammentragen.

3 Am besten stellt man sich diese Pflanzenzusammenstellung in Etagen vor. Mit der Pflanze, die am höchsten wird, fängt man an – das ist die Eichenblatt-Hortensie. Die Pflanze aus ihrem Topf nehmen und einige ihrer Wurzeln mithilfe der Fingerspitzen aus dem Wurzelballen lockern. Ein großzügiges Loch graben, die Pflanze einsetzen und die Erde rundum mit den Stiefeln vorsichtig festtreten.

4 Als Nächstes die Gräser – das sind Weißbuntes Chinaschilf 'Morning Light' und Herbst-Knopfgras – noch eingetopft auf die Erde stellen zum Ausprobieren. Sie sollen in Gruppen zusammenbleiben. Als unterste Etage folgen schließlich Weicher Frauenmantel und Große Sterndolde 'Large White'.

5 Alle Pflanzen nacheinander aus den Töpfen klopfen und auch wieder einige Wurzeln aus dem Ballen befreien. Mit den Fingerspitzen geht das am besten. Genauso tief einpflanzen, wie sie vorher im Topf standen, und die Erde mit den Händen sorgfältig rundum und an der Oberfläche festdrücken.

6 Alle Pflanzen gründlich angießen.

1

Alchemilla mollis
Weicher Frauenmantel

Strukturgebend gefälteltes, gesägtes Blattwerk und ein Schleier hell zitronengelber Blütchen.

Mehrjährig
Wuchshöhe 60 cm
2 pro m^2
Blüht von Frühsommer bis Frühherbst

2

Astrantia major
'Large White'
Große Sterndolde

Weiße pergamentartige Dolden mit grünen Spitzen bilden später Winterskulpturen. Das lateinische Wort *Astra* bedeutet „Stern" und bezieht sich auf die Form der Blüten.

Mehrjährig
Wuchshöhe 60 cm
2 pro m^2
Blüht von Spätfrühling bis Frühherbst

3

Hydrangea quercifolia
Eichenblatt-Hortensie

Hellgrüne Blätter, wie riesige Eichenblätter geformt, und große, etwas zerzauste Rispen heller Blüten. Laub abwerfend.

Strauch
Wuchshöhe 2 m
1 pro m^2
Blüht von Hochsommer bis Frühherbst

4

Miscanthus sinensis 'Morning Light'
Weißbuntes Chinaschilf

Perlige Blütenschweife und baumwollflaumige Samenstände. An den Blättern schmale cremefarbene Randstreifen. Sommergrün.

Gras
Wuchshöhe 1,80 m
1 pro m²
Blüht von Spätsommer bis Vollherbst

5

Sesleria autumnalis
Herbst-Kopfgras

Bandförmige Blätter und silbrige Blütchen. Die zarten Samenähren können den ganzen Winter überdauern. Immergrün.

Gras
Wuchshöhe 1,20 m
2 pro m²
Blüht von Frühsommer bis Vollherbst

Beliebt bei …

Hummeln
Solitärbienen
Honigbienen
Nachtfaltern und Kleinfaltern
überwinternden Marienkäfern

Winterwald

Diese Schale habe ich im Frühwinter zusammengestellt, als die Pflanzen dafür gerade schön loswuchsen. Ich wollte damit das Pflanzenmosaik auf einem lichten Waldboden, wie man es bei mir daheim auf den britischen Inseln sehen kann, nachbilden. Die weite, flache Schale fordert dazu auf, das Ganze von oben zu betrachten, genauso wie man die Pflanzen auf einem Winterspaziergang sehen würde.

Die Lenzrose 'Winterbells' (*Helleborus × sahinii*) wurde hier wegen ihrer dezenten Blüten ausgewählt und bildet die obere Etage über einer Unterpflanzung aus zwei Herbst-Alpenveilchen *(Cyclamen hederifolium)*, mit panaschierten und mit normalgrünen Blättern. Ich mag es, dass die Blüten so bescheiden wirken, und vor allem mag ich das Blattwerk, das entweder silbrig gezeichnet ist oder einfach lindgrün und rund. Außerdem habe ich die Pflanzen jeweils nach Art getrennt in die Schale gesetzt, weil das so wirkt wie draußen, wo die verschiedenen Planzenarten auch Gruppen bilden würden, während sie den Waldboden besiedeln.

So geht's

1 Eine weite, flache Schale auswählen und einige Löcher in den Boden bohren, wenn er noch keine hat. Jedes Loch mit einem Steinchen abdecken, damit die Erde drinbleibt.

2 Die Schale mit torffreier Universalerde von guter Qualität füllen und dabei zum oberen Rand der Schale einen guten Zentimeter Platz lassen zum Gießen.

3 In der Erde ein Pflanzloch ausheben, das nicht ganz in der Mitte sitzt. Die höchste Pflanze macht den Anfang. Also die Lenzrose 'Winterbells' aus dem Topf nehmen und mit den Fingerspitzen einige Wurzeln befreien. Genauso tief einpflanzen wie vorher im Topf und mit den Händen vorsichtig andrücken.

4 Als Nächstes kommen die ganzen Herbst-Alpenveilchen an die Reihe. Dazu stellt man sie auf den Kopf und lässt die Stängel zwischen die Finger rutschen, damit die Blüten beim Austopfen geschützt sind. Für jedes ein Loch graben, dann einpflanzen und andrücken. Die Arten sollen unter sich bleiben.

5 Nun kommen die Heiden an die Reihe: *Erica* 'J. W. Porter' und *Erica* 'Kramer's Rote'. Sie werden genauso gepflanzt wie die Alpenveilchen. Noch etwas Erde zwischen die Pflanzen drücken, falls es da Lücken gibt. Alles gründlich angießen.

Bemerkung: Bei dieser Komposition in rauen Lagen guten Winterschutz geben.

Die fünf Pflanzen

1

Herbst-Alpenveilchen
Cyclamen hederifolium

2

Herbst-Alpenveilchen
Cyclamen hederifolium
Silver-leaved Group

3

Winterblühende Heide
Erica × darleyensis
'J. W. Porter'

4

Winterblühende Heide
Erica × darleyensis
'Kramer's Rote'

5

Lenzrose
Helleborus × sahinii
'Winterbells'

1

Cyclamen hederifolium
Herbst-Alpenveilchen

Lindgrüne runde Blätter, die das Licht reflektieren, und schwebende rosa Blüten. Sind die Blüten verwelkt, werden die Samen von den Stängeln wie mit einem Korkenzieher in die Erde gedrückt.

Knollenpflanze
Wuchshöhe 15 cm
2 pro Topf
Blüht von Vollherbst bis Frühwinter

2

Cyclamen hederifolium
Silver-leaved Group
Herbst-Alpenveilchen

Dunkelgrünes Blattwerk mit silbriger Zeichnung und ansprechende rosa Blüten.

Knollenpflanze
Wuchshöhe 15 cm
2 pro Topf
Blüht von Vollherbst bis Frühwinter

3

Erica × darleyensis
'J. W. Porter'
Winterblühende Heide

Grüne nadelförmige Blätter an einer niedrigen, verholzenden, immergrünen Pflanze.

Mehrjährig
Wuchshöhe 25 cm
2 pro Topf
Blüht von Hochwinter bis Spätfrühling

4

Erica × darleyensis 'Kramer's Rote'
Winterblühende Heide

Dunkelgrüne nadelförmige Blätter an einer niedrigen, verholzenden, immergrünen Pflanze.

Mehrjährig
Wuchshöhe 25 cm
2 pro Topf
Blüht von Hochwinter bis Spätfrühling

5

Helleborus × sahinii 'Winterbells'
Lenzrose

Weiße glockenförmige Blüten und ausdauerndes attraktives Blattwerk.

Mehrjährig
Wuchshöhe 50 cm
1 pro Topf
Blüht von Frühwinter bis Mittfrühling

Beliebt bei ...

ersten Hummelköniginnen
Solitärbienen
Schwebfliegen

In diesem Pflanzplan entwickeln sich alle Blüten auf geraden Stängeln zu attraktiven Samenständen für den Winter: Schirmdolden, flachdoldiger Fenchel, knotige Buckel vom Brautkraut, Zittergräser und die Pudelmützen-Mitten vom Scheinsonnenhut 'White Swan'. Die Überlegung, was man für den Winter pflanzt, ist in kleinen Gärten am wichtigsten, weil oft der gesamte Garten von den Fenstern aus im Blick liegt. Abgeblüht sind diese Samenstände sozusagen stilisierte Versionen der früheren Blüten.

Einen Garten anpflanzen kann man zu jeder Jahreszeit, vorausgesetzt, der Boden ist nicht gefroren. Idealerweise kommt diese Zusammenstellung hier im Frühsommer in den Boden, damit die Pflanzen sich zu einem Ganzen zusammenfügen können, während sie wachsen. Danach muss man aber die verwelkten Blüten an den Pflanzen belassen, damit man die Winterskulpturen genießen kann, die entstehen, wenn die Samenstände in den kürzesten, dunkelsten Tagen von Raureif oder Schnee verziert sind.

So geht's

1 Mit einem Spaten den Boden umgraben und dabei die Erdklumpen aufbrechen, damit die Erde schön locker und krümelig wird.

2 Alle benötigten Pflanzen zusammensammeln.

3 Zu Beginn kommen die Gräser dran, also Chinaschilf und Lampenputzergras 'Cassian'. Weiter geht es mit dem Syrischen Brandkraut und dem Scheinsonnenhut 'White Swan'. Alle Pflanzen noch in ihren Töpfen auf dem Boden probeweise aufstellen und dabei zu zweit oder zu dritt in Gruppen setzen.

4 Den Gewürz-Fenchel hier und da einstreuen, so dass er sich mit den anderen Pflanzen verflechten kann.

5 Nun anfangen, die Pflanzen aus ihren Töpfen zu klopfen und jeweils einige Wurzeln aus dem Ballen zu lockern. Mit den Fingerspitzen geht das am besten. Für jede Pflanze ein Loch ausheben, in dem sie so tief stehen kann wie vorher im Topf. Die Pflanze einsetzen und mit den Händen andrücken, also für guten Erdanschluss sorgen.

6 Die ganze Anpflanzung gründlich angießen.

7 Wenn im nächsten Frühjahr Wetter und Erde wärmer werden, achtet man auf die neuen Triebe, die sich an der Basis der Pflanzen nach oben schieben. Sobald diese Austriebe 10–15 cm hoch sind, greift man zur scharfen Gartenschere und schneidet die alten Stängel so ab, dass ein kurzes braunes Stück stehen bleibt. Das kann man jedes Frühjahr wiederholen, weil die Pflanzen dann ihren jährlichen Wachstumszyklus neu beginnen.

Die fünf Pflanzen

1

Scheinsonnenhut
Echinacea purpurea
'White Swan'

2

Gewürz-Fenchel
Foeniculum vulgare

3

Chinaschilf
Miscanthus sinensis

4

Lampenputzergras
Pennisetum alopecuroides
'Cassian's Choice'

5

Syrisches Brandkraut
Phlomis russeliana

1

Echinacea purpurea 'White Swan'
Scheinsonnenhut

Blassen, margeritenähnlichen Blüten mit gelber Mitte folgen attraktive Pudelmützen-Samenstände.

Mehrjährig
Wuchshöhe 60 cm
1 pro m²
Blüht von Frühsommer bis Frühherbst; Samenstände von Vollherbst bis Spätwinter

2

Foeniculum vulgare
Gewürz-Fenchel

Fedriges hellgrünes Blattwerk und leuchtend gelbgrüne Blütendolden. Essbar sind Blätter, Blüten und Samen.

Mehrjährig
Wuchshöhe 1,80 m
2 pro m²
Blüht von Hochsommer bis Spätsommer; Samenstände von Frühherbst bis Spätwinter

3

Miscanthus sinensis
Chinaschilf

Perlige Blütenschweife und baumwollflaumige Samenstände. Nicht wintergrün.

Gras
Wuchshöhe 1,80 m
1 pro m²
Blüht von Spätsommer bis Vollherbst; Samenstände von Spätherbst bis Vorfrühling

4

Pennisetum alopecuroides
'Cassian's Choice'
Lampenputzergras

Grasförmige Blätter, antikrote Blüten und winterfeste Samenstände wie Flaschenputzer-Bürsten. Nicht wintergrün.

Gras
Wuchshöhe 1,20 m
2 pro m²
Blüht von Hochsommer bis Frühherbst; Samenstände von Spätherbst bis Spätwinter

5

Phlomis russeliana
Syrisches Brandkraut

Buttergelbe Blüten und knubbelige Samenstände.

Mehrjährig
Wuchshöhe 1,20 m
1 pro m²
Blüht von Hochsommer bis Spätsommer; Samenstände von Frühherbst bis Vorfrühling

Beliebt bei …

Nestbauern als Material
Vögeln wegen der Sämereien
überwinternden Solitärbienen, Marienkäfern und Florfliegenlarven

Für Uneingeweihte ist ein Schneeglöckchen einfach ein Schneeglöckchen. Für Galantophile aber haben die Details ihrer Zeichnung, die Zusammenstellung ihrer Blütenblätter und ihrer Farbnuancen – ganz zu schweigen von der Tatsache, dass sie zu einer Zeit blühen, zu der es wenig andere Blütenpflanzen zu bestaunen gibt – Schneeglöckchen zur Sammlerpflanze gemacht. Eine einzige Zwiebel eines seltenen, ungewöhnlichen Schneeglöckchens wird durchaus für über 1100 € gehandelt. Eine Einsteiger-Kollektion von Schneeglöckchen in separaten Tontöpfen kann dazu animieren, sich einmal näher mit der Zartheit und Schönheit ihrer Blüten zu befassen. Schneeglöckchen pflanzt man am besten im Herbst als ruhende Zwiebeln. Eine Lage Moos aus einer nachhaltigen Bezugsquelle hilft, die Wurzeln kühl zu halten und zu verhindern, dass die Blüten bei Regen voller Erde gespritzt werden. Diese Sammlung hier umfasst fünf unterschiedliche Schneeglöckchen, aber mehr oder weniger sind genauso wirkungsvoll.

So geht's

1 Einige verschiedene Schneeglöckchen-Zwiebeln zusammentragen.

2 Tontöpfe sind eine gute, praktische Wahl, weil sie offenporig sind und dadurch die Zwiebeln nie in zu feuchter Erde liegen müssen. Das Abzugsloch am Topfboden jeweils mit einem Steinchen abdecken, damit die Erde im Topf bleibt, und eine großzügige Lage Gartensplitt einschütten.

3 Alle Tontöpfe zum Großteil mit einer 1:1-Mischung aus Erde und Gartensplitt füllen, damit man ein schön durchlässiges Substrat bekommt.

4 Die Schneeglöckchen nacheinander aus ihren ursprünglichen Behältern nehmen, indem man von der Unterseite dagegendrückt, damit die Pflanze sich löst. So viel Erde wie möglich rund um die Wurzeln belassen.

5 In jeden Tontopf eine Schneeglöckchensorte pflanzen, und zwar genauso tief wie im vorherigen Behälter.

6 Mit den Fingern von den Seiten her etwas mehr Erde anschieben und damit eventuelle Lücken füllen.

7 Sorgfältig angießen, damit die Erde rund um die Wurzeln sich setzt. Die Töpfe so aufstellen, dass sie nicht übermäßig viel Winternässe abbekommen.

Bemerkung: Secondhand-Läden und Kreislauf-Kaufhäuser sind eine gute Quelle für Tontöpfe.

Die fünf Pflanzen

1

Schneeglöckchen
Galanthus nivalis
'Anna Mill'

2

Schneeglöckchen
Galanthus plicatus
'Bryan Hewitt'

3

Schneeglöckchen
Galanthus plicatus
'Joe Sharman'

4

Schneeglöckchen
Galanthus plicatus
'Sarah Dumont'

5

Schneeglöckchen
Galanthus woronowii
'Elizabeth Harrison'

1

Galanthus nivalis 'Anna Mill'
Schneeglöckchen

Dreieckige Blüten mit geraden, schmalen Blütenblättern. Kleine grüne Tupfen auf den inneren Blütenblättern.

Zwiebelpflanze
Wuchshöhe 20 cm
1 pro Topf
Blüht von Hochwinter bis Spätwinter

2

Galanthus plicatus 'Bryan Hewitt'
Schneeglöckchen

Rundliche Blütenblätter, an den Spitzen eingekerbt, so dass sie sich nach außen wölben wie ein Ballon.

Zwiebelpflanze
Wuchshöhe 20 cm
1 pro Topf
Blüht von Hochwinter bis Spätwinter

3

Galanthus plicatus 'Joe Sharman'
Schneeglöckchen

Die blassweißen Blütenblätter haben grüne Streifen und sind auf der Innenseite hellgrün gefärbt.

Zwiebelpflanze
Wuchshöhe 20 cm
1 pro Topf
Blüht von Hochwinter bis Spätwinter

5

Galanthus woronowii
'Elizabeth Harrison'
Schneeglöckchen

Recht kräftige Blätter und auf den Innenseiten der Blütenblätter eine leicht gelbe Zeichnung.

Zwiebelpflanze
Wuchshöhe 20 cm
1 pro Topf
Blüht von Hochwinter bis Spätwinter

4

Galanthus plicatus 'Sarah Dumont'
Schneeglöckchen

Steil herabhängende Blüten mit ungewöhnlicher, zitronengelber Zeichnung.

Zwiebelpflanze
Wuchshöhe 20 cm
1 pro Topf
Blüht von Hochwinter bis Spätwinter

Beliebt bei ...

ersten Hummelköniginnen

Grundlagen

1

Boden und Erde

Ein Boden ist ein ganzes Ökosystem aus unterschiedlichen Anteilen von Sand, Lehm und Ton sowie organischem Material aus verrottenden Pflanzen und Blättern. Er kann flachgründig und „mager“ oder sogar voller altem Bauschutt sein, dann kann er nur schwer Feuchtigkeit halten, oder er kann schwer und verdichtet sein, dann saugt er sich im Winter voll Wasser und dörrt im Sommer aus.
Vor dem Bepflanzen tut es jedem Boden gut, wenn etwas Mist oder ein oder zwei Säcke torffreie Bio-Erde eingearbeitet werden, die Regenwürmer ebenso fördert wie für Pflanzen nützliche Bodenpilze, Bakterien und Mikroorganismen. Möglichst ohne den Boden zu betreten, schüttet man die Erde aus dem Sack und „faltet“ dieses Substrat und den Boden mit dem Spaten lose zusammen.

2

Substrat

Pflanzen in Behältern sind völlig abhängig davon, was man ihnen gibt, und dazu gehört die Erde. Im Handel bekommt man verschiedene Substrate. Eine torffreie Universalerde eignet sich für die meisten Zwecke, aber auch Spezialsubstrate (zum Beispiel Anzuchterde zum Säen) sind erhältlich.
Die Hauptunterschiede zwischen den verschiedenen Erden bzw. Substraten sind ihre Nährstoffgehalte und ihre Fähigkeit, Wasser abzudrainieren. Ein holziger Rosmarinstrauch aus dem Mittelmeerraum beispielsweise liebt mageren Boden mit wenig Nährstoffen. Deswegen ist es eine gute Idee, in seine Topferde einige Schaufeln Gartensplitt zu geben, während ein Farn aus dem Wald tiefgründige, dunkle, feuchte und humusreiche Erde bevorzugt.

3

Gießen

Es kann vorteilhaft sein, Pflanzen noch in ihren Kauftöpfen zu gießen, und dann ein weiteres Mal nach dem Auspflanzen, damit die Erde rund um ihre Wurzeln sich setzt. Tägliches routinemäßiges Gartengießen sollte allerdings nicht einreißen. Ja, alle Pflanzen müssen nach dem Einpflanzen tiefgründig und regelmäßig gegossen werden, während sie anwachsen. Eine Pflanze draußen im Beet, die gut an diesen Standort passt, kann sich später nahezu selbst versorgen. Immer den Boden gießen, nicht Blätter und Blüten. Pflanzen in Behältern allerdings müssen regelmäßig gegossen werden, vor allem im Hochsommer. Auch hier immer den Boden gießen, nicht Blätter und Blüten, und ihn tiefgründig wässern. Idealerweise gießt man in den Morgen- oder Abendstunden.

4

Zwiebelpflanzen

Zwiebeln, die im Frühjahr blühen, müssen schon im Herbst gepflanzt werden und den Winter kalt und dunkel im Boden verbringen. Dunkelheit und niedrige Temperatur sorgen dafür, dass die Blütenanlage innerhalb der Zwiebel sich entwickelt, und stimulieren das Hormon Gibberellin, das im Frühjahr die Blüten in Richtung Licht zieht. Sommerblühende Zwiebeln wie Lilien werden im Spätwinter gepflanzt.
Wer seine Zwiebeln selbst zieht, anstatt im Frühjahr austreibende Zwiebeln zu kaufen, ist nicht auf das angewiesen, was gewerbliche Anbauer für dieses Jahr ausgesucht haben, und hat so viel mehr Auswahl. Es spart auch viel Geld. Während ich im Herbst draußen Zwiebeln einpflanze, setze ich oft auch einige in kleine Einzeltöpfe, damit ich sie später in Kübel umsetzen kann.

5

Einjährige, Zweijährige und Mehrjährige

Einjährige ...

... durchlaufen ihren Lebenszyklus innerhalb eines Jahres.

Keimling – Trieb – Blüte – Samenstand

Zweijährige ...

... durchlaufen ihren Lebenszyklus innerhalb von zwei Jahren.

Triebe und Blätter im ersten Jahr, die Blüten erst im zweiten Jahr.

Mehrjährige

Stauden wiederholen ihren Blühzyklus jedes Jahr wieder.

Triebe im Frühjahr – Blüten im Sommer – und im Winter oft attraktive Samenstände.

6

Metereologische Jahreszeiten

Hochwinter: Januar

Spätwinter: Februar

Vorfrühling: März

Mittfrühling: April

Spätfrühling: Mai

Frühsommer: Juni

Hochsommer: Juli

Spätsommer: August

Frühherbst: September

Vollherbst: Oktober

Spätherbst: November

Frühwinter: Dezember

7

Neue Löcher für Behälter

Die meisten Pflanzbehälter haben schon ein Loch oder Löcher im Boden, vor allem solche aus Ton, Terrakotta oder Stein. Wer allerdings recycelte Behälter verwendet, wie Zinkwannen oder Holzkisten, muss oft erstmal Löcher schaffen. Das ist mit einem Elektrobohrer oder mit Hammer und stabilem Nagel nicht schwierig. Allerdings sollte man dabei eine Sicherheitsbrille zum Schutz der Augen tragen. Jedes Loch wird mit einem Steinchen abgedeckt, damit die Erde im Behälter bleibt.

8

Botanische Namen

Die botanischen Namen für Pflanzen können anfangs ganz schön herausfordernd sein, aber nur wenn man den lateinischen Namen benutzt anstatt des üblichen „Trivialnamens", kann man sicher sein, dass die Pflanze in der (online-)Gärtnerei wirklich die ist, die man haben möchte. Viele Pflanzen tragen denselben oder, abhängig von der Region, andere Trivialnamen, während ein botanischer Name nur an eine einzige Pflanze vergeben ist. Die botanischen Namen von Pflanzen bestehen typischerweise aus drei Teilen: der Gattung (kursiv und erster Buchstabe groß), der Art (ebenfalls kursiv und erster Buchstabe klein) und dem Namen der Sorte (gerade und in einfachen Anführungszeichen).

Der erste Name, die Gattung, bezieht sich auf alle Vertreter einer größeren Gruppe ähnlicher Pflanzen: z. B. heißen alle Sonnenblumen *Helianthus*. Der Artname gilt für ähnliche Pflanzen innerhalb der Gruppe: *Helianthus annuus* umfasst die einjährigen Sonnenblumen. Den Sortennamen denkt sich die Zuchtstätte aus, er bezieht sich auf eine ganz bestimmte Pflanze. So ist *Helianthus annuus* 'Claret' eine pflaumenfarbige einjährige Sonnenblume. Botanische Namen sind also sehr nützlich und identifizieren eine Pflanze nicht nur eindeutig, sondern erzählen auch noch etwas über sie.

Gelegentlich gibt es noch einen weiteren Namensteil, der kennzeichnet, dass die Pflanze registriert ist und Rechte der Pflanzenzüchter bestehen. Solche Namen werden anders dargestellt. So befassen wir uns hier im Buch beispielsweise mit *Pulmonaria* OPAL ('Ocupol').

9

Pflanzen beschaffen

Am liebsten kaufe ich Pflanzen von Inhaber-geführten Gärtnereien oder online. Ein Ausflug in eine solche Gärtnerei verspricht einen inspirierend verbrachten Nachmittag, und die Pflanzen wurden wahrscheinlich von den Menschen gezogen, die sie verkaufen, und die normalerweise viele hilfreiche Informationen und Ratschläge geben können. Die meisten Gärtnereien stellen auch Pflanzen zum Abholen bereit, wenn man vorher per Telefon oder E-Mail eine Liste durchgibt.

In letzter Zeit sind Onlinebestellungen eine meiner Lieblingsmethoden für den Pflanzenkauf geworden. Man hat riesige Auswahl und kann meistens eine Warteliste anlegen, falls die Pflanzen, die man möchte, gerade nicht auf Lager sind. Es kann ein großes Vergnügen sein, das Klebeband von einem Karton mit Pflanzen zu ziehen, der bis zur Tür geliefert wurde. Gut wäre es, nur bei Gärtnereien zu bestellen, die mit nachhaltigen Verpackungen arbeiten.

In traditionellen Gartencentern und Baumärkten werden normalerweise nur Pflanzen verkauft, die gerade blühen, und wenn man nach einer bestimmten Pflanze sucht, ist die Auswahl ziemlich begrenzt.

Bezugsquellen

Pflanzen

Beth Chatto's Plants & Gardens
Eine gute Auswahl an Mehrjährigen, fachmännisch kultiviert.
bethchatto.co.uk

Crocus
Die beliebteste Baumschule britischer Gartengestalter. Kultivieren die Pflanzen für die Top-Designer der RHS-Chelsea Flower Show.
crocus.co.uk

Baumschule Horstmann
Breit gefächertes Sortiment, das sowohl Gehölze, als auch Rosen, Kletterpflanzen, Stauden, Gräser und Bodendecker umfasst. Sehr guter Onlineshop mit vielen nützlichen Pflanzeninformationen.
baumschule-horstmann.de

Staudengärtnerei Gaissmayer
Auswahl von mehr als 2500 Stauden, Kräuter, Gräser und Farne. Informativer Onlineshop, inspiratives Verkaufsgelände mit Museum vor Ort.
gaissmayer.de

Staudengärtnerei Gräfin von Zeppelin
Große Auswahl an Stauden, außerdem Kräutern, Gräsern, Blumenzwiebeln, Gehölzen, Rosen, Bodendeckern. Mit Onlineshop und besonderem Verkaufsgebäude, das neben Pflanzenverkauf, eine Buchabteilung, Accessoires und ein Café beinhaltet.
graefin-von-zeppelin.de

Kräuter- und Staudengärtnerei Mann
Winterharte Kräuter, Stauden und Raritäten regional gezogen. Pflanzenverkauf auf Märkten und in der Gärtnerei in Mühlbach (Sachsen).
staudenmann.de

Peter's Gärtnerei
Mit über 600 Dahlien im Sortiment, als Schnitt- und Topfpflanzen und deren Knollen. Verkauf im Onlineshop oder in der Gärtnerei. Zudem Balkon- und Beetblumen, Gemüsejungpflanzen, Kräuter, Sträucher, Stauden, Obstgehölze.
peters-dahlien.at

Rühlemann's Kräuter & Duftpflanzen
Den Großteil der über 1300 Kräutersorten und -arten produziert das qualitätsbewusste Unternehmen selbst, darunter auch viele seltene und exotische Pflanzen.
kraeuter-und-duftpflanzen.de

Saatgut

Bingenheimer Saatgut
Bio-Saatgut von Gemüse, Kräutern, Blumen, Zwiebelblumen, Gründüngung. Über 500 samenfeste Sorten, regional erzeugt nach biodynamischen und ökologischen Richtlinien. Informativer Onlineshop.
bingenheimersaatgut.de

Magic Garden Seets
Saatgut-Versand von fast vergessenen Kultur- und Nutzpflanzen, alten Gemüsesorten, Kräutern und Heilpflanzen aus der ganzen Welt. Ausschließlich samenfestes Saatgut, zudem Bio-Saatgut erhältlich.
magicgardenseeds.de

Jora Dahl
Saatgut für Schnittblumen, Stauden, Dahlien- und Tulpenkollektionen sowie hochwertige Tools im Onlineshop, nachhaltig und insektenfreundlich.
joradahl.de

Blühkalender

Frühling

Balkan-Windröschen
Blaustern
Herbst-Kopfgras
Himalaya-Wolfsmich 'Dixter'
Hohe Götterblume
Kleiner Honiglauch
Krokus 'Ruby Giant'
Labrador-Veilchen
Lungenkraut 'Ocupol'
Moos-Steinbrech 'Buttercream'
Narzisse
Polster-Ehrenpreis 'Georgia Blue'
Salomonssiegel
Schachbrettblume
Schildfarn
Schneeglöckchen
Schwarzmeer-Elfenblume
Traubenhyazinthe
Tulpe
Türkenbundlilie
Türkische Schachbrettblume
Zierlauch 'Miami'

Frühsommer

Akelei 'Munstead White'
Ausdauernder Buchweizen
Baltische Petersilie
Bartiris 'Italic Light'
Bebänderte Aloe
Blauer Storchschnabel 'Orion'
Blauraute 'Blue Spire'
Buckel-Fettblatt 'Silver Roses'
Chinesische Wiesenraute 'Album'
Echter Salbei
Frauenmantel
Garten-Blüten-Salbei 'Rose Queen'
Gelber Fingerhut
Gewürz-Fenchel
Große Bibernelle 'Rosea'
Große Sterndolde 'Large White'
Herbst-Kopfgras
Hohe Bartiris 'Sable'
Jakobsleiter
Japan-Berggras
Kalk-Hauswurz
Kanarischer Zwergfingerhut
Klatschmohn
Knollen-Brandkraut 'Amazone'
Knorpelmöhre
Kornrade 'Alba'
Kugeldistel 'Veitch's Blue'
Kugellauch
Marienkäfermohn 'Ladybird'
Mexikanischer Schneeball
Patagonisches Eisenkraut
Purpur-Kratzdistel 'Atropurpureum'
Purpur-Witwenblume
Purpurblättriges Eisenkraut 'Bampton'
Rauhaariger Kälberkropf 'Roseum'
Riesen-Federgras
Roter Fingerhut
Schafgarbe 'Coronation Gold'
Schwarzer Holunder 'Black Beauty'
Sedum 'Matrona'
Sibirisches Perlgras 'Alba'
Silberblatt-Salbei 'Artemis'
Sizilianischer Honiglauch
Sommerhyazinthe
Stauden-Lobelie 'Tania'
Steppen-Salbei 'Caradonna'
Stern-Kugellauch
Sterndolde 'Roma'
Strahlen-Breitsame
Verschiedenblättrige Kratzdistel
Weiße Nachtviole
Weiße Spornblume 'Albus'
Westlicher Sonnenhut
Wiesenknopf
Wilder Knoblauch
Wilder Knoblauch 'John May's Special'
Zabels Mannstreu 'Big Blue'
Zierlauch 'Summer Drummer'
Zwerg-Kuckucks-Lichtnelke 'Nana'

Spätsommer

Asiatische Duftnessel 'Liquorice Blue'
Basilikum 'Mrs Burns' Lemon'
Bebänderte Aloe
Blasser Scheinsonnenhut
Blauraute 'Blue Spire'
Blumen-Dost 'Herrenhausen'
Bronze-Fenchel 'Purpureum'
Buckel-Fettblatt 'Silver Roses'
Dahlie
Dolden-Glockenblume
Duftpelargonie
Echter Salbei
Garten-Strohblume 'Dragon Fire'
Gold-Garbe 'Gold Plate'
Hauswurz 'Gulle Dame'
Herz-Zittergras
Kalk-Hauswurz
Katzenminze 'Walker's Low'
Kleinblättriger Salbei 'Trewithen Cerise'
Kleinblütiger Fingerhut
Knorpelmöhre
Krokus
Kugellauch
Leinkraut 'Alba'
Mannstreu
Mexikanischer Salbei 'Giant Form'
Mexikanischer Schneeball
Nachtkerze
Oktober-Silberkerze 'James Compton'
Patagonisches Eisenkraut
Pracht-Nelke
Prärie-Prachtscharte
Purpur-Bartnelke 'Sweet Cherry Black'
Rasen-Schmiele 'Goldtau'
Rosmarin 'Miss Jessopp's Upright'
Rote Gartenmelde
Scharfer Hahnenfuß
Schmuckkörbchen 'Xsenia'
Sommer-Phlox 'Cherry Caramel'
Spanisches Gänseblümchen
Steppen-Salbei 'Caradonna'
Steppen-Wolfsmilch
Sternjasmin
Stockrose 'Giant Single Mixed'
Strahlen-Breitsame
Syrisches Brandkraut
Tigerlilie 'Stracciatella Event'
Weißer Riesen-Lauch ' Mount Everest'
Weißes Berufkraut
Zartes Federgras
Zitronenverbene

Herbst

Amerikanische Wolfsmilch
Blasser Scheinsonnenhut
Blaue Hechtrose
Blütensalbei 'Amistad'
Duftnessel 'Blue Boa'
Eichenblatt-Hortensie
Fasanenschwanzgras
Fingerhut 'Falcon Fire'
Große Sterndolde 'Large White'
Großer Wiesenknopf 'Red Buttons'
Herbst-Anemone 'Wild Swan'
Herbst-Kopfgras
Karthäuser-Nelke
Kerzenknöterich 'Alba'
Kleines Pfeifengras 'Poul Petersen'
Leuchtender Sonnenhut 'Goldsturm'
Oktober-Silberkerze 'James Compton'
Patagonisches Eisenkraut
Prachtscharte
Prärie-Aster
Scheinsonnenhut 'White Swan'
Silberkerze 'Pink Spike'
Weicher Frauenmantel
Weißbuntes Chinaschilf 'Morning Light'
Wilder Knoblauch
Wilder Knoblauch 'Fairy Star'
Yuccablättriger Mannstreu

Winter

Chinaschilf
Gewürz-Fenchel
Herbst-Alpenveilchen
Lampenputzergras 'Cassian's Choice'
Lenzrose 'Winterbells'
Scheinsonnenhut 'White Swan'
Schneeglöckchen
Schneeglöckchen 'Elizabeth Harrison'
Syrisches Brandkraut
Winterblühende Heide

Register

Fette Seitenzahlen verweisen auf Abbildungen.

F

G

H

I

J

K

L

Register

Danksagungen der Autorin
Ein ganz großes Dankeschön an Alison Starling. die eine große Verfechterin dieses Buches war und seine Entstehung mit Rat und Tat begleitet hat.

Danke an Jonathan Christie, David Hawkins, Sybella Stephens und Caroline West von Octopus.

An Jason Ingram, meinen Lieblingsfotografen.

An Hauser and Wirth, Somerset, Hepworth Wakefield, Tom Stuart-Smith, Katy Merrington, Artisan Landscapes, Katie Guillebaud, Andy Sturgeon, Tom Coward, Gravetye Manor, Matthew Reese Malverleys Garten, The Cottage Herbery, Keith Wiley von Wildside, Mary Keen, June Blake von June Blake's Garden and Jimi Blake von Hunting Brook.
An Anne, Bill und Victoria.

Aus dem Englischen übersetzt von Bettina Borst

Titel der Originalausgabe:
Grow 5. Simple seasonal ideas for small outdoor spaces with just five plants.

Erschienen bei Mitchell Beazley, an imprint of Octopus Publishing Group Ltd, Carmelite House, 50 Victoria Embankment London EC4Y 0DZ, unter
ISBN 978-1-78472-761-1
© 2022

Bildnachweis
Fotografiert von Jason Ingram. Außer Seite 28 Mitte (Martin Hughes-Jones/GAP Photos); S. 72 rechts (Gina Kelly/Alamy Stock Photo); S. 164 Mitte (Andrea Jones/Garden Exposures Photo Library)

Impressum
Umschlaggestaltung von Claudia Adam Graphik-Design, Bad Kreuznach. Unter Verwendung 20 Fotos Jason Ingram und 1 Foto von Andrea Jones/Garden Exposures Photo Library.

Unser gesamtes lieferbares Programm und viele weitere Informationen zu unseren Büchern, Spielen, Experimentierkästen, DVDs, Autoren und Aktivitäten finden Sie unter **kosmos.de**

Gedruckt auf chlorfrei gebleichtem Papier

Für die deutschsprachige Ausgabe:
© 2024, Franckh-Kosmos Verlags-GmbH & Co. KG, Stuttgart.
Alle Rechte vorbehalten
ISBN 978-3-440-18008-2
Projektleitung: Birgit Grimm
Redaktion: Birgit Grimm
Gestaltungskonzept: Untitled
Produktion: Klaus Jost
Printed in China/Imprimé en Chine